iDO .com世代的生活便利情報指南

3萬5輕鬆遊倫敦

【省錢旅遊達人】943★著

CONTENTS

943的倫敦省錢攻略索引

前言

倫敦是省錢天堂!

歐洲旅行通常被視為相當昂貴的花費，尤其是倫敦這個全世界物價最高的城市。然而，943卻要大膽地跟大家宣告：倫敦是省錢天堂!

英國物價雖然看似貴不可攀，但俗話説「物極必反」，物價過高之處自然有下猛藥似的超低競價，例如：英國有免費的SIM卡；長途客運常年都有1鎊車票的優惠，相當於從台北到高雄的距離只要台幣50元左右，比從台北到桃園機場還便宜！再加上倫敦社會福利佳，最好的景點都免費開放，還有競價激烈的超市，因此只要善用各種特價，花小錢在貴森森的倫敦生存一點也不難。

943在英國唸書時曾經挑戰過不含房租及水電費，一星期生活費10鎊卻能餐餐有雞腿和蛋糕的生活。最近回英國三個星期，幫讀者們實驗了含機票所有花費不到台幣2萬5千元、卻不刻苦的旅程，一樣是餐餐飽。事實上，只要每天省下100元的計程車費或咖啡錢，不到一年就能輕鬆存到飛往英國旅行的旅費。那麼，旅行倫敦究竟可以多省呢？最低限度要帶多少錢呢？

英國旅行最省錢的方式？

以943玩倫敦的經驗是：

機票：AirAsia來回機票特價2萬元含稅

+住宿：交換借宿0元

+飲食：自己煮3週50鎊

+倫敦市內交通：倫敦市區travelcard七日票40鎊（2011年秋天價格）

+倫敦以外交通：1鎊巴士megabus

=英國之旅三週，台幣2萬5千元有找

但由於AirAsia歐洲線於2012年4月停飛，943也幫大家規劃英國之旅最經濟的可行方式：

機票：上背包客棧機票比價，可找到3萬元含稅的便宜機票（2012年時價）

+住宿：沙發衝浪借宿（請見〈倫敦超省住宿〉）

+飲食：自己煮一週20鎊（請參考〈倫敦交通精打細算〉7鎊吃9餐的方式）

+倫敦市內交通：倫敦巴士週票30鎊

+倫敦以外交通：1鎊巴士megabus

=英國來回含稅機票3萬元+每週花費50鎊起

只要運用943在本書中分享的方法，英國旅行兩週的花費可用台幣3萬5千元輕鬆搞定，一點也不克難。

＄本書所有價格均以英鎊兌台幣1：46元計算。

暢玩倫敦行前須知

倫敦簡介

英國首都，也是大英國協的政治經濟及文化中心。有泰晤士河蜿蜒流經，隔著英吉利海峽與法國遙望。大倫敦地區包含倫敦市區及近郊，面積1595.4平方公里，與大台北地區相仿。

氣候屬於溫帶海洋性氣候，全年濕潤有雨，年平均降雨量約為800毫米，年平均降雨日有160天。冬季一月月均溫攝氏5度，夏季七月月均溫攝氏18.2度。由於倫敦地形為盆地又面向北海，海風濕氣經常在倫敦形成大霧，尤其是每年入冬十一月至二月間，也因此倫敦素有霧都之稱。春、夏、秋季較適合旅行，尤其是氣候宜人的夏季。

英國基本資料

首都	倫敦
政府	君主立憲制和議會民主制
貨幣	英鎊（GBP） 100p（便士）=1英鎊
土地	244820平方公里，約台灣的7倍大
人口	6千萬人
語言	英語、威爾斯語、蘇格蘭語、蘇格蘭蓋爾語、愛爾蘭語
宗教	英國國教和羅馬天主教66%、羅馬天主教徒10%， 穆斯林2.5%、印度教及猶太教0.4%，佛教0.25%，無宗教15%
電力	230V，50赫茲。插座：三腳扁式。
時區	夏季：UTC+1時區（英國施行夏令時間，因此比台灣慢7小時）。 冬季：UTC+0時區（比台灣慢8小時，例如英國1/1早上7點時，台灣為1/1下午3點）。 每年固定於三月及十月的最後一個星期日凌晨1點起調整時間。

倫敦節慶活動

日期	活動
1/1	倫敦元旦大遊行
12/26～1月中	百貨公司週年慶
2/14	情人節
3月	復活節假期
3/28	牛津＆劍橋大學划船賽
4月	倫敦馬拉松
5/25～28	雀兒喜花展Chelsea Flower Show＆ 皇家學院夏季展Royal Academy Summer Exhibition
6月	女王生日慶典（實際生日是4月，但於天氣較好的6月公開慶祝）、 溫布頓網球公開賽、攝政公園夏日露天劇場
7月	夏令折扣季、亞伯特音樂廳夏季音樂會
8月	諾丁山嘉年華、同志大遊行
9/17-26	雀兒喜古董節
9月	倫敦時裝週London Fashion Week、倫敦設計展示會London 100% Design、古典音樂等藝術活動季、開放建築日Open House（倫敦著名建築免費開放參觀）
10/31	萬聖節
11/5	煙火節Guy Fawkes Day
12月下旬	聖誕折扣季Boxing Day
12/25	聖誕節
12/31	跨年

英國觀光免簽證囉！

從2009年3月起，台灣人到英國觀光旅遊、探親、遊學，只要停留不超過六個月，都能享有免簽證入境了！不過這個免簽證可不是100%無條件免簽證，若入境時被海關認為有不誠實或逾期居留的可能，還是有可能被拒絕入境。因此建議最好準備以下文件，以備不時之需：

1. 回到台灣或定居地的有效回程機票（最重要！），電子機票需有訂票號碼，機票要已付費並已確定起飛日期，若起飛日期未定或未付款者都不算數。
2. 旅行計畫書。細節寫中文無妨，但至少每天居住城市或大景點需有英文，可讓移民官簡單識別你在英國會去哪些地方。住宿地點的英文地址為必備，若住朋友家必備對方英文姓名及聯絡電話，無論填寫入境卡或海關要求出示證明時都會派上用場。遊學者需攜帶學校入學許可。
3. 在台工作證明（例如英文名片）或英文財力證明、信用卡等。

值得注意的是，若到英國就讀半年以上課程，需另辦學生簽證。外交部建議旅客若曾有被拒絕入境或申請英國簽證被拒的紀錄，還是得先在台灣辦好英國簽證，比較妥當。

很多背包客想在歐洲長期旅行，但持免簽證入境英國，有以下幾點要注意：

1. 不得工作或從事短期表演，亦即不可做志工或街頭賣藝，就連學Matt跳笨舞也得小心，以免被誤認為賣藝而產生糾紛。
2. 英國政府規定免簽證入境者，不得於十二個月內在英國境內停留累積超過六個月，必須要返回本國半年後，才能再以免簽證入境英國。例如若2012年1月已經在英國停留六個月，7月份起就不能迂迴到鄰近的歐陸國家再回英國，必須回定居地半年，2013年1月份以後才能再以免簽證方式進入英國。
3. 若想從英國前往其他需要簽證的國家旅行，建議先在台灣辦好，除非有英國長期簽證，否則都會被外國駐英大使館拒絕及要求申辦者回母國辦理。
4. 目前無論是台灣或英國的地勤或海關，大都知道台灣人入境英國免簽證，但若從其他國家出發或轉機，不少旅客曾被不知情的航空公司地勤阻止登機。建議攜帶英國政府宣佈台灣護照免簽證的公告，若有疑慮時可秀給對方看，並指出護照上的代碼TWN，較不易產生誤會而有被阻擋上機的狀況。

英國貿易文化辦事處有關台灣護照入境英國免簽證的公告：http://ukintaiwan.fco.gov.uk/en/news/?view=News&id=13457942**或至943臉書相簿下載圖檔。**

如何填寫英國入境卡

在前往英國的班機上，即將抵達時，空服員會逐一詢問是否需要入境卡，若不小心錯過也可以直接向空服員索取。建議先在飛機上寫好，雖然入境處也可以拿到入境卡，但盡早排隊就能趕快出關，節省時間。

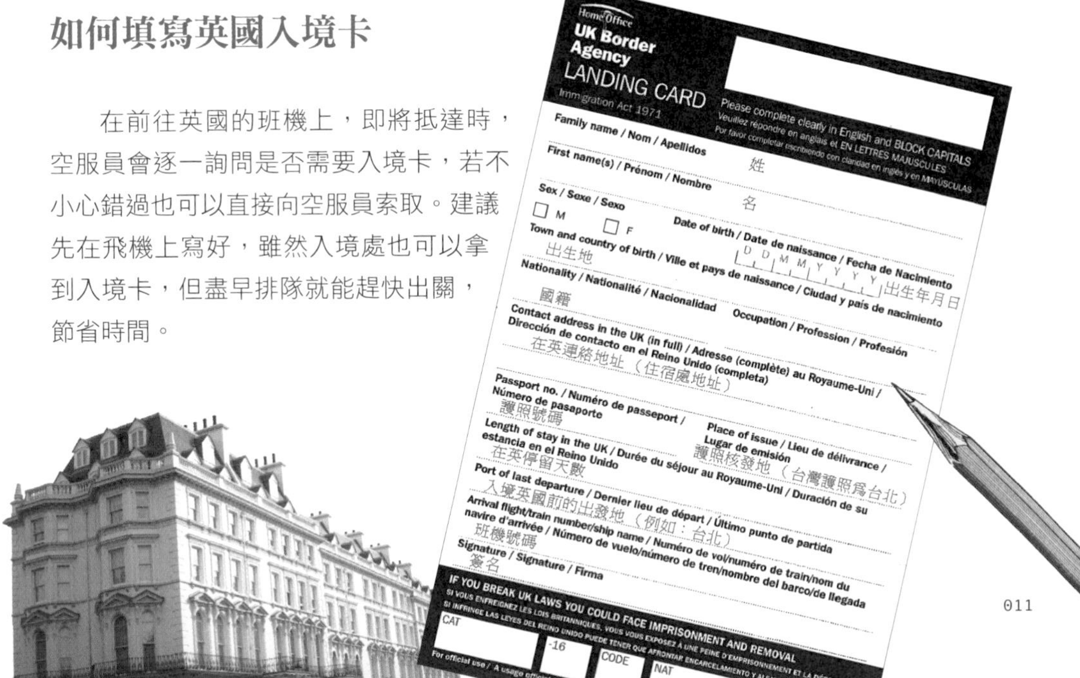
Home Office
UK Border Agency
LANDING CARD
Immigration Act 1971

Please complete clearly in English and BLOCK CAPITALS
Veuillez répondre en anglais et EN LETTRES MAJUSCULES
Por favor completar escribiendo con claridad en inglés y en MAYÚSCULAS

Family name / Nom / Apellidos　姓
First name(s) / Prénom / Nombre　名
Sex / Sexe / Sexo　M　F
Date of birth / Date de naissance / Fecha de Nacimiento　D D M M Y Y Y Y　出生年月日
Town and country of birth / Ville et pays de naissance / Ciudad y país de nacimiento　出生地
Nationality / Nationalité / Nacionalidad　國籍
Occupation / Profession / Profesión
Contact address in the UK (in full) / Adresse (complète) au Royaume-Uni / Dirección de contacto en el Reino Unido (completa)　在英連絡地址（住宿處地址）
Passport no. / Numéro de passeport / Número de pasaporte　護照號碼
Place of issue / Lieu de délivrance / Lugar de emisión　護照核發地（台灣護照爲台北）
Length of stay in the UK / Durée du séjour au Royaume-Uni / Duración de su estancia en el Reino Unido　在英停留天數
Port of last departure / Dernier lieu de départ / Último punto de partida　入境英國前的出發地（例如：台北）
Arrival flight/train number/ship name / Numéro de vol/numéro de train/nom du navire d'arrivée / Número de vuelo/número de tren/nombre del barco/de llegada　班機號碼
Signature / Signature / Firma　簽名

IF YOU BREAK UK LAWS YOU COULD FACE IMPRISONMENT AND REMOVAL
CAT　-16　CODE　NAT
For official use / A usage officiel / Para uso oficial

英國海關會問什麼問題呢？

海關會問的問題多半不超過以下範圍：

在英國停留多久？How long will you stay?
回答：_____ days.

來英國做什麼？What will you do in the UK?
回答：traveling(旅行)或visit my _____(探親)
或study tour（遊學）。

你何時離開/回國？When will you leave/go back to your country?
回答：下星期next week、三週後three weeks later、
一個月後one month later.

下一站去哪裡？What is your next destination?
回答：go to _____（繼續去xx城市）/ go back to Taiwan（回台灣）。

在英國有家人嗎？Do you have any family in the UK?
（這題是看你有沒有依親而逾期居留的可能）
回答：Yes（是）、No（否）。

你在英國住哪裡？Where will you stay in the UK?
回答：（指出旅行手冊上的英文住址）

請出示回程機票。Please show me your return ticket.
回答：（指出裝訂在旅行手冊上的電子機票）

什麼東西不能帶入英國海關？

英國海關禁止攜帶任何肉類製品（例如肉鬆、肉乾、香腸、罐頭、含肉類的牛肉麵、肉燥麵和月餅）、奶製品（起司、奶茶、即溶咖啡）及農產品（蔬菜、水果、植物）。另外，若攜帶現金1萬歐元或等值貨幣以上，必須走紅色通道並依法誠實申報及繳稅。

如何攜帶外幣？

$ 台灣銀行線上結匯

想在台灣兌換英鎊卻沒時間跑銀行，想到機場再換匯卻擔心出發當天的匯率很差？若有以上的疑慮，台灣銀行的線上結匯功能滿好用的，不必花時間到銀行排隊，只要出發之前，選擇匯率低的日子上台灣銀行網站，填上欲兌換的幣別和面額、張數，確認後填寫姓名、身分證字號、出生日期、提領分行、預定提領日、繳款方式等資料即可。完成後，記下系統列出的匯款帳號，利用網路銀行（需有台銀帳號）或網路ATM、自動櫃員機在指定期間內轉帳繳款，也可以選擇到桃園機場或小港機場的台銀分行領款，很方便。

$ 旅行支票

旅行支票是相當安全的貨幣，英國最普及的是Thomas Cook旅支，拿到後先在上聯簽名（需與護照簽名相同），下聯先不簽，因為那欄是在兌現時，當著營業員的面前簽下與上聯一模一樣的簽名。萬一遺失時，下聯沒有簽名也比較不容易被冒領。

943省錢妙招

通常到各銀行、郵局或Thomas Cook旅行社門市兌現大多要支付1%的手續費，但943建議把旅支拿去Waitrose超市各門市購物找回英鎊零錢，是最便利的兌換旅支方式。因為在Waitrose超市用旅支買東西不限使用金額，也不扣手續費，非常方便。M&S超市也可以用旅支購物，但金額必須滿十幾鎊以上，不收手續費，每天兌換上限約250英鎊。Waitrose和M&S的門市很多，不必為了找Thomas Cook的門市而東奔西跑。但要注意兌換旅支通常需要出示護照，因此建議護照隨身帶著，別藏在住宿處忘記帶了。

$ 信用卡：

海外消費的手續費頗高，除非必要，用現金比較划算，信用卡就當作備用貨幣。

$ 金融卡：

在英國銀行或提款機使用國外的金融卡領錢，手續費很高，建議帶現金和旅支，加上備用的信用卡。

手機費如何省錢？

英國的手機通訊市場競爭激烈，因此各大電信廠商莫不使出各式奇招，小公司甚至祭出免費送SIM卡的大絕招，只圖消費者打電話時賺通話費；一個英國地址只能索取一次，可以直接去店裡索取看看，例如「3」這家電信公司網站https://www.three.co.uk/Support/Free_SIM/Order有贈送SIM卡的服務，但前提是手機必須是3G系統才能用，只要純接電話不撥出，可說是完全免費。

若通訊量大，也可花15鎊買「吃到飽all you can eat data」，此促銷專案送300分鐘通話及3000則免費簡訊，還有網路用到飽，是十分划算的選擇。在超市買SIM卡也不貴，ASDA超市賣的Vodafone SIM卡一張1鎊。或找只簽約一個月的廠商辦理，拿來只接不打最好。

長期旅居英國時，若必須撥打大量國際電話回台，唐人街到處都在賣便宜的國際電話卡。不過最便宜的還是用skype等視訊通話軟體，不但可以通話，還可以看到對方，重點是一毛錢都不用花。

英國手機術語中英對照

儲值 Top-up	吃到飽 all you can eat
打多少算多少 pay as you go	簡訊 text
語音信箱 voicemail	訊號 signal
收訊 reception	合約 contract

融入英國生活必學英式用語

台灣學的多半是美式英語，許多用法與純正英式英語不同，在英國若想減少碰壁機會，迅速融入當地的生活，最好熟悉一下英式用詞，才不致發生看不懂指示牌而找不到電梯等窘境。

	英式英文	美式英文
筆電	laptop	notebook
支票	cheque	check
餅乾	biscuit	cookie / cracker
電梯	lift	elevator
帳單	bill	check
藥局	pharmacy	drugstore
排隊	line / queue	queue
公寓	flat	apartment
行李	baggage	luggage
戲院	theatre	theater
中心	centre	center
地下鐵	tube	subway
高速公路	motorway	highway
長途客運	coach	bus
手機	mobile	cell phone

氣候與穿衣

倫敦氣候			
季節	平均氣溫	室內穿著（冬天有暖氣）	室外穿著
春 3-5 月、秋 9-11 月	7～15 度 C	毛衣、有釦式上衣，洋蔥式穿法方便穿脫	薄防水連帽外套
夏 6-8 月	18～20 度 C	長 T 恤、針織衫等輕便上衣	薄防水連帽外套
冬 12-2 月	0～7 度 C	毛衣、衛生衣褲、毛襪	連帽防水羽毛衣、圍巾、手套、毛帽

英國保暖須知：注意天氣預報。當地天氣常常無故從20度驟降到10度。因為天氣太常變化，看BBC weather網站當天的天氣預報比較準確。

穿衣建議

英國風大，建議外出時頭部一定要保暖，不妨穿連帽式的外套，防風防水材質最佳，因為天氣變幻無常，一會出太陽，一會又莫名其妙地下起雨來。

到了英國就不難理解，為什麼英國人不愛撐傘而是穿防雨外套。因為風太大又幾乎無所不在，神出鬼沒的令人無法預測，拿傘鐵定被風吹到開花，而且天氣說變臉就變臉，常常當人拿出傘來，雲氣飄走，太陽開始露臉，而當你收了傘後，抱歉！雨又來了，所以還是穿上防水外套以防萬一吧！

● 英國室內室外溫差大，適合洋蔥式穿法，帶有釦上衣穿脫較方便。

不可少的英國禮節

1.詢問時句尾加上please：回答yes時一定要說yes, please而不是只有yes，說no時要說no, thank you，例如：Where is Victoria Station, please?沒說請字則有過於粗魯之嫌，這也表示你有良好教養，會得到比較好的回應！

2.讓他人先過：在英國，男士都會禮讓女士，尤其是讓女士或年長者先通過，是一種禮節。男士幫女性開門，或在地鐵樓梯替手裡拿著大包小包的陌生女士提行李上樓，更是普遍的情況。英國注重消防安全，往往一條走廊有好幾道防火門，基本禮節是替後面的路人頂住門，別讓門「砰」一聲關上，關門時發出很大的聲音，是很沒禮貌的事。不小心擋住別人去路時一定要說「sorry」。被人禮讓先過時，一定要道謝。聽不清楚對方的話，想請對方重複時要說「pardon」而非「excuse me」。

● 英國室內常有許多防火門，替後方路人頂住門是英國基本禮儀。

3.**使用文雅辭彙**：雖然bathroom在台灣比較像是浴室而非廁所，但在英國要説bathroom, restroom或washroom，意思接近「洗手間」，而不是toilet的「廁所」，前者用法比較文雅。

4.**稱英國人British**：英國由英格蘭、威爾斯、蘇格蘭、北愛爾蘭組成，因此English指的是英格蘭人，若稱呼英國人要用British一詞。若稱呼非英格蘭出身的人English通常會被對方指正（尤其是蘇格蘭人），最好用British這個辭彙。

英國安全須知

1.**小心成群青少年**：尤其是11～15歲左右的年紀（西方小孩看起來比較成熟，看上去大約國中年紀），英國法律對於犯罪青少年的刑責非常輕，他們正值調皮叛逆又還未懂事的階段，因此有些群聚的青少年無所事事，膽子特別大，挑釁落單的亞洲男生是否真如李小龍般會功夫，或嚇唬外國人、惡作劇、砸毀車窗玻璃偷

竊等時有所聞，甚至有些還會勒索或討錢，即使保全或公車司機也無權制止，留學生都知道遠遠看到他們要繞路而行。

2.**在人多的觀光景點、地鐵和市場，要小心扒手**：就連哈洛斯百貨的警衛伯伯都會提醒旅客，背包要提在手上或揹在前面，不可揹在後面，因為宵小會用銳利的刀片割破背包以竊取財物。錢包可用釦環固定在腰帶上或藏在上衣裡，要提高警覺，因為有些扒手訓練小孩或少女降低觀光客的防衛心，財不露白才是最高原則。別在公共場所趴在桌上休息或躺著睡覺，這形同昭告自己疏於防備，很容易被偷。

3.**小心推銷者、借錢的人、無故搭訕甚至擁抱者**：很多都是專騙觀光客錢的伎倆，甚至有趁搭訕時扒竊的案例，可別上當。

4.**務必小心保管個人財物！**手機、錢包、護照等貴重物品，不要隨手放在公共場所的桌上或椅子上，有些歹徒會假裝問路，接著用地圖放在你的視線及這些物品之間，另一隻手或同行者則偷偷從地圖下方拿走交給同伴，問完路時，財物也不翼而飛。

5.**過馬路要「左右張望」**：英國是靠左行駛的國家，很多台灣人到了英國，過馬路

時常忘記車子來的方向和台灣相反，很容易發生意外。建議左右都看，這樣就不會遺漏，馬路也有Look Left等油漆大字在路面上，提醒行人注意來車。

6.**晚上或大清早，別走樹林、河邊或暗巷**：英國雖然到處都是監視器，但畢竟只是亡羊補牢，預防不了危險。

7.**搭深夜巴士時坐在司機附近**：倫敦有深夜巴士，但搭這種巴士最好不要坐得離司機太遠，因為晚上有些喝醉酒的乘客在巴士上神智不清，會做出連自己也不曉得的事情。

聽說在英國看醫生很貴，萬一生病怎麼辦？

現在英國政府已修改法令，不讓外國觀光客在英國享有免費醫療。而在英國公立醫院看病幾天前就要預約，私人診所也很貴，至少70鎊起跳。不過只要在出發前投保旅遊平安險時加保醫療險，萬一在英國生病了自費就醫，還是可以向診所索取看診證明，回國後再向保險公司申請理賠。

943省錢妙招

在英國不小心感冒了，若症狀不嚴重，不必花大錢去私人診所看醫生或到公立醫院排隊好幾天。不妨跟著英國人吃超市自有品牌、近乎成本價的感冒藥救急，綜合感冒藥一盒16顆總共只要30p左右，相當於一盒不到台幣15元。但還是要依照指示用藥才安全。要治好感冒，建議多攝取天然的維他命C，943在英國感冒時，買Poundland的維他命C吃都不見起色，但將檸檬切片煮熱湯加糖喝到出汗，卻好得很快呢！

1.感冒時補充天然維他命C，檸檬切片熱湯很有效！
2.在英國感冒，有時吃當地的感冒藥比較有效。

沒體驗過不算到過英國生活的10件事

1

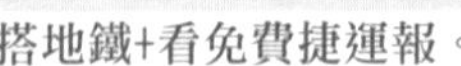

搭地鐵+看免費捷運報。

2

搭倫敦市內火車通勤。(見〈倫敦交通精打細算〉)

3

當地人較愛搭巴士，搭9號或15號老爺級古董巴士遊倫敦市中心精華區。

4

住英國傳統房子。(見〈住英式住宅體驗英國文化〉)

5 逛慈善二手店。（見〈倫敦購物高貴不貴〉）

6 逛傳統市場撿便宜。（見〈用少少錢吃遍倫敦〉）

7 吃自己夾的三明治當中餐、晴天在公園午餐。（見〈用少少錢吃遍倫敦〉）

8 上pub借洗手間、上pub打牙祭聚餐（就像台灣速食店的功能一樣）。（見〈用少少錢吃遍倫敦〉）

9 吃下午茶。

英國人的下午茶大多是茶搭配餅乾，不一定要去餐廳吃貴婦版下午茶，超市自製的rich tea biscuits餅乾便宜又好吃；學英國人喝濃縮果汁、英國的甜點都很美味。

metroweather
today
Max: 20°C
Southern England and East Anglia will be rather cloudy with showers developing. Sunshine and showers across north western parts of the UK. A fine and dry day elsewhere.
Sunrise: 6.54am
Min: 6°C
Central and southern England

10 聊天氣、穿連帽外衣而非撐傘。

比起走馬看花式地參觀一堆建築，聽完講解就忘個精光，體驗這些英國人的生活不但不需要在生活必要花費之外付出額外的金錢，親自感同身受，更令人印象深刻。

省錢從買機票開始

機票是旅費中相當花錢的部分，也是貫徹省錢旅行最有必要搞定的一環。以943的經驗，目前飛英國有兩個找便宜機票的方法：一是使用背包客棧的機票比價功能尋找便宜機票，二是趁低成本航空（廉價航空）大減價時，搶超低價機票。

史上最便宜的台灣飛英國機票，應該就是低成本航空AirAsia的「台北-吉隆坡-倫敦」航線了，943這次搭的班機，最低價來回含稅2萬元而已，相當於市價的五折。

低成本航空便宜又好用

飛英國的機票年年漲價，可惜目前AirAsia暫時停飛歐洲，期待早日恢復航線，不過，歐洲低成本航空公司卻對開拓亞洲航線躍躍欲試，仍可期待挪威的Norwegian Air及Scoot航空盡快開闢歐亞跨洲航線。時間充足的背包客們也可以考

● AirAsia的台北倫敦機票含稅2萬元，比市面上的機票還便宜一半。

慮先搭乘AirAsia，再轉搭促銷時的Air Berlin曼谷航線，沿路玩到歐洲，吉隆坡仍是亞洲飛英國可以考慮的跳板之一。

奧運期間飛英國的機票不好買，如果時間允許，也可以試試其他途徑，例如先飛往歐洲其他城市，再利用火車、巴士或低成本航空的方式抵達倫敦。但請切記：一定要將所有因飛行所衍生的花費全部計算在內的最低價，才是真的省錢。可別只省到票面價，卻在機場稅或旅館住宿費、機場巴士往返市區的交通費用上因小失大。

無論用迂迴的方式飛抵倫敦，或想在結束英國旅程後，繼續旅行到歐洲甚至北非其他國家，亞洲與歐洲都有非常多低成本航空公司可以選擇。建議大家上機票比價網站skyscanner（www.skyscanner.es）搜尋，可以一目了然地看出一個月或一年內，從任一城市或任一國家起飛或抵達當地的含稅機票，非常好用。

低成本航空越早訂票越便宜

低成本航空機票為何便宜？因為節省各項成本，票價自然降低。以AirAsia為例，全以網路售票，可省下旅行社訂票抽佣的成本。使用電子機票及熱感應紙列印登機證、有些機場不用空橋，乘客必須自行登梯上機。行李托運、改期、改名等非必要費用也不再含在過去有如吃到飽的機票價格內，而是「要使用才付費」。腦筋動得快的AirAsia甚至油耗力求精準到秒，改以機艙廣告的收入貼補成本，好降低成本，維持低廉的機票價格。而過去所謂的「免費」機上餐飲也不再提供，而是像高鐵那樣，向空服員購買。

有些人會說，低成本航空什麼都要加錢，其實那只是把原本吃到飽的價格改成單點而已，不會用到的服務當然就不需要算在乘客的機票價格裡。再說，為了想吃所謂的「免費」飛機餐，而多花數千甚至數萬元買機票，羊毛出在羊身上，真的有「免費」餐點嗎？

低成本航空登機步驟

1 Check-in之前，先把隨身行李放入行李大小測量架內，看看有無超過規定大小。

2 在櫃台辦理登機手續。

3 得到一張以熱感應紙列印的機票，這張紙大約幫機票省了數十元呢！

4 皮製座椅，扶手也可以拉起。

5 登機囉！

6 向AirAsia訂票時預購餐點有送一瓶飲用水，機上餐大約台幣150元，比桃園機場餐廳還便宜。

943曾買過台北飛往吉隆坡的AirAsia機票，來回含稅只要台幣六千元左右，比過去搭傳統航空的一萬六千元還便宜一半以上，而且不需加入會員、也不需抽獎，只要提早半年以上訂票，人人都可以買到超低價機票。

不過，低成本航空的運作方式與傳統航空不盡相同，有些細節需要注意，例如：低成本航空票價的規則是「越早訂購越便宜」，當最便宜的票價售完時，電腦顯示的價格就會自動跳到第二便宜的票價，以此類推，因此沒有旺季加價問題，只要盡早搶票，暑假或春節也能用極低的價格買到機票。由於低成本航空的票價沒有包含旅行社服務的人事費用等成本，無法轉讓他人，改期必須支付手續費，因此建議最好確定出發日期沒問題再訂票。

943飛往英國搭的低成本航空班機，票價只有市面的一半，但設備卻一點也不陽春，其實就像在空中飛的高鐵，該有的都有。在歐洲，低成本航空票價還比人事成本高漲的火車便宜一半以上。

SPITALFIELDS. You may have heard of, but little hidden gems like PETTICOAT LANE, LEATHER LANE and COLUMBIA ROAD are definitely worth taking a look at!
Changing of the Guard
Head to BUCKINGHAM PALACE to see this world famous ceremony! The official start time is 11:30, but we reccomend getting there at 11.15 as this is when the music starts! See reception for the schedule.
Ride the 'Tube'
Buy a day ticket for Zones 1-2 for £6.60 and ride unlimited on the oldest underground railway in the world. Your ticket will also cover you on all buses and overground trains. Here for a while? Buy an oyster card - this electronic ticket will stop charging you when you reach £6.60
Tube tickets are available from reception.
Take in a Show
Head to Londons 'WEST END' to see a play in theatreland. Established shows such as LES MISERABLES and 'PHANTOM OF THE OPERA' compliment contemporary offerings, such as 'SHREK' and 'WE WILL ROCK YOU'
All theatre tickets can be purchased at reception for a DISCOUNTED RATE!
See the Sights
Tickets for all attractions can be purchased from reception for DISCOUNTED PRICES! So why not go to the LONDON EYE, MADAME TUSSAUDS or TOWER OF LONDON and save money in the process! Intending to see a lot? Ask at reception about the LONDON PASS which will save you £££s! Not got a lot of time? Buy a ticket for the SIGHTSEEING TOUR
See a Museum
Good news! Most museums and art galleries in London are ABSOLUTELY FREE! Even better news is that the list of museums is endless! So, if you find your money isn't stretching as far as you'd like, head to TATE MODERN, THE BRITISH MUSEUM, NATURAL HISTORY MUSEUM or the V&A MUSEUM to absorb some culture!
St Pauls Cathedral
Seeing as you are next door to it, why not head over the road to see CHRISTOPHER WREN'S masterpiece? Upon entering, you are handed an information packed iPod touch and the option of climbing the 528 steps to the top of the dome. The views are BREATHTAKING. Again, tickets from reception are discounted, costing only £12.
Camden Pub Crawl
Head to Camden and meet some like minded individuals! A discounted £10 ticket from reception gets you FREE SHOTS, ENTRY TO ALL BARS AND KOKO, the world famous club.
Things to do in ... London
Staff Picks
neil
matt
Kes
Sebastian
Take the Thames Clipper to Greenwich! The boat travels under Tower Bridge which is an awesome photo op! Shoreditch in East London is worth a look, its where trends start. Also, catch one of the many free comedy or music gigs in the City!
Elisa
Macaulay
Soledad
Cross the Millenium Bridge (only 2 min from the hostel) and take a walk by the river Thames, you'll be able to see many London attractions (Tate Modern, Shakespeare's Globe, London Eye) and the fabulous riverside buzz!
Nadia
ON A FRIDAY, I LIKE NOTHING MORE THAN HEADING TO BOROUGH MARKET (10-15 MINS WALK) AND SAMPLING ALL THE FRESH AND LOCAL PRODUCE - THERE IS ALSO A FANTASTIC CHOCOLATE SHOP!!
Kate
Francesca
Unbelievable but true: you can ride a bicycle in London! Just hire one of the thousand "Boris Bikes" around the City and discover all the hidden treasures.
Tom
Sabrina
ENJOY SHOPPING!
REGENT'S STREET AND OXFORD STREET OFFER A WIDE RANGE OF SHOPS
AND WHEN THE WEATHER IS BAD YOU CAN STILL ENJOY SHOPPING IN SHOPPING CENTRE
ALDWYCH
9
FIREMARK
FIRE EXTINGUISHER
WATER

倫敦超省住宿

超值經濟的青年旅館

選擇位在倫敦市中心Zone1的青年旅館，可以省下每日通勤交通費至少4～5鎊。943曾住過倫敦的青年旅館，住客從十幾歲到七十幾歲都有，也是練習英語會話及交換旅遊情報的好機會。若不喜與陌生人同房，可與三五好友結伴包房。歐洲自助旅行風氣盛行已近百年，大多數的青年旅館都歡迎各年齡層旅客入住，甚至還有親子房和親子價，老人小孩都可以入住。

943省錢妙招

若提早半年甚至一年以上預訂，可訂到每天20鎊起跳的青年旅館。位在倫敦市中心的青年旅館常常老早就客滿了。

943認為地點最好的青年旅館是牛津街YH，到白金漢宮、柯芬園、SOHO區等各大市中心景點散步半小時可達，在倫敦散步欣賞沿途美麗建築及街景是很不錯的經驗。較遠的景點可排同一天，使用travel card集中數日走完行程。

英國的YH都需要出示國際YH卡，效期為一年。目前英鎊兌台幣才1：46，在英國的青年旅館內辦理比較便宜（在台灣辦為600元台幣，在英國辦10英鎊）。比較住宿費時，最好將辦理YH卡費用一併計入，最低價者才是真省錢。

若住多人房宿舍，貴重物品要隨身保管好，洗澡時也要帶進浴室，別心存僥倖，以免遺失。西方國家年輕人比較開放，袒胸露背如家常便飯，若不習慣，最好住單一性別的宿舍。有些旅遊書建議住King's Cross車站附近的青年旅館，但不少老倫敦們都表示該車站附近龍蛇雜處、出入分子複雜，常有販毒及非法分子出沒，雖然房間價格較便宜，但建議住其他區域較為安全。

- 歐洲YH常有親子房，一家老少都能住進青年旅館。
- 和許多青年旅館一樣，廚房設有免費食物櫃，房客吃不完也帶不走的食物放置在此給其他客人取用，不會浪費。

牛津街青年旅館 Oxford Street Youth Hostel

943認為這間可說是倫敦位置最佳、評價也最高的青年旅館之一，也因為地點太好而經常客滿。位在SOHO區內，走路到牛津街、龐德街都只有幾步之遙，晃到皮卡地里圓環、唐人街等也散步可達，相當方便。但這家招牌不太明顯，詢問附近路人也不是很清楚，最好在出發前先在地圖上標示位置，比較好找。

既然是YH系統，入住就得出示青年旅館卡，若在台灣來不及辦，在旅館內也可以現付10鎊辦理，或每晚每人多加3鎊。一般房間有三床或四床上下舖，每晚27.65鎊，衛浴在房間外，頗乾淨。

歐洲的青年旅館多半設有親子房，許多年輕父母攜家帶眷住在青年旅館，親子房2床42鎊，3床63鎊，4床房74鎊，一般2床房間56鎊，3床房84鎊，4床房99鎊。建議結伴旅行時包房，可不必與陌生人同房。依照熱門程度，每日房價不同，最好上網查詢價格，及早訂房以免向隅。

這家得到青年旅館四星評鑑，設備不差。廚房有微波爐、瓦斯爐、烤吐司機、燒水壺、鍋碗瓢盆一應俱全，櫃台也有簡單飲食提供點餐，廚房明亮乾淨並有專人清理，不像有些缺乏管理的YH廚房環境髒亂。

聖保羅青年旅館 YHA London St Pauls

聖保羅大教堂旁一棟古色古香的歷史建築裡，竟然開了一間青年旅館？是的，不要懷疑！只花少少的錢，就能住進倫敦市中心典型的美麗建築裡。

這間青年旅館雖然只有三顆星評價，設備稍舊，床位較窄，也沒有牛津街YHA來得新穎，但因位置好因此也常客滿。親子房有折扣，雅房內有洗手台，衛浴在房外，但不會不乾淨。可惜廚房目前是關閉不能使用的，因此只能外食或在櫃台點餐，早餐不含在房價內，必須另外付費。

六人及八人單性別宿舍一床每晚20.65鎊起，單人房或雙人房都是一晚25鎊起跳，三人房一晚25.41鎊起，越熱門的時段，房價越高。

● 旅館內走廊以倫敦街道命名，還以路牌做裝飾，頗有創意。

International Student House

倫敦最便宜的青年旅館之一，雖然設備並非十分新穎，但以低廉價格而言，也算是可接受的選擇。有些套房的設備看起來比較新穎雅致，類似小公寓，價格也不貴。單人雅房每間39鎊起，雙人套房68鎊起，三人雅房81鎊起，十人單性別宿舍每床19鎊起。位置在環狀線Circle Lane（黃線）的Great Portland St站旁，搭地鐵相當方便。

好用青年旅館訂房網站：

- www.hostels.com
- www.london-hostels.co.uk
- www.tradchinese.hostelworld.com
- www.yh.org.tw

青年旅館資訊：

- 牛津街青年旅館 Oxford Street Youth Hostel

【地址】14 Noel Street, London W1V 3PD
【網址】www.hostelworld.com/OxfordSt
【價格】一床25鎊起

- 聖保羅青年旅館 YHA London St Pauls

【地址】36 Carter Lane, EC4V 5AB, London
【網址】www.hostelworld.com/YHAStPauls
【價格】一床20.65鎊起

- International Student House

【地址】229 Great Portland Street, London W1W 5PN
【網址】www.ish.org.uk/accommodation
【價格】每床19鎊起

倫敦各大學假期宿舍

英國各大學為了自籌經費各出奇招，倫敦各大學更是絞盡腦汁大賺觀光財，例如將學生放假時空出的宿舍當成Ｂ＆Ｂ旅館，由於位置奇佳，距離各著名景點並不遠，價格亦不貴，因此成了相當熱門的倫敦住宿選擇。房間多半是套房，不需與陌生人同住，除了check-in以外，使用英語機會比住YH多人房少。有些宿舍採Ｂ＆Ｂ（民宿）形式，提供早餐，有些僅為單純住宿。

倫敦各大學宿舍的優點是位在寸土寸金的倫敦市中心，距離各大景點都不遠，甚至散步可達，可省下一天至少200元台幣的交通費用，例如柯芬園與Temple站附近的King's College及倫敦政經學院（LSE）宿舍，都提供假期住宿，適合不怕走路及想體驗住宿英國大學宿舍的旅客。

943省錢妙招

每間學校都有數間宿舍分散在不同地區，價格、設備和開放時間都不同，有些宿舍只開放暑假出租，有些則連聖誕假期和感恩節（四月）都開放，最好事先上網研究。

● 倫敦不少大學於假日出租學生宿舍套房，地段便利又便宜，還能體驗留學生活。

倫敦政經學院Bankside宿舍

● 倫敦政經學院假期開放的B&B宿舍，豐盛的自助式早餐相當受到旅客歡迎。

倫敦政經學院是許多名人如作家徐志摩、新加坡前總理李光耀、蔡英文等人的母校，若想體驗倫敦政經學院研究生的住宿生活，或造訪倫敦時的活動範圍在南岸藝術中心周邊，LSE是既便宜又出入方便的選擇。宿舍位置在Waterloo車站和London Bridge車站中間，也就是Tate Modern博物館正後方。附近有美麗的泰晤士河南岸及Royal National Theater、Royal Festival Room、影像博物館、莎翁環型劇場等大型藝術中心附近，過千禧橋可到達聖保羅大教堂。

房間內有燒水壺及毛巾床單等，公共空間交誼廳有電視，也有投幣式洗衣機。雖然沒有廚房可做飯，但早餐相當豐盛，是吃到飽形式，可以飽餐一頓再上路。

大學宿舍訂房網站：

- 倫敦大學系統 University of London：www.halls.london.ac.uk/visitor/Default.aspx
- 倫敦政經學院 LSE：www.lsevacations.co.uk/ratesavail.htm
- 倫敦大學學院 University College London：www.ucl.ac.uk/residences
- 倫敦大學瑪莉皇后學院 Queen Mary University of London：www.accommodation.qmul.ac.uk/holidays/accommodation/index.html
- 國王學院 King's College：www.kcl.ac.uk
- 帝國學院 Imperial College London：www3.imperial.ac.uk/summeraccommodation

倫敦政經學院 Bankside宿舍LSE Bankside House

【地址】24 Sumner Street, London SE1 9JA
【電話】+44 (0) 20 7107 5750
【E-mail】bankside@lse.ac.uk
【網址】www2.lse.ac.uk/intranet/students/currentHallResidents/bankside/Home.aspx
【價格】含早餐46鎊起

 沒有語言隔閡的華人民宿

若你原本是星級飯店咖、想花小錢體驗英國洋房、懷疑自己住不習慣青年旅館或大學宿舍，又不想擔心語言問題、覺得一天兩百元台幣的地鐵費用很值得、住得好比節省交通費用重要，或不想住在房間僅容身大小的旅館，那麼，943建議物超所值的華人民宿。一般而言，比起相同價位的旅館，後者房間及活動空間較大，都有3～4坪左右，也較無語言障礙。住在華人開設的民宿，每天住宿費大約比倫敦大學假期宿舍多幾鎊，卻能有華語旅遊諮詢服務（如推薦景點、路線及餐廳等）和解決語言不通的麻煩，非常適合平時忙於工作而沒時間詳細規劃旅遊細節的旅人。若住Zone4區內，每日離峰時間，地鐵或倫敦市內火車來回通勤費用大約5鎊左右，單人房價約每天每房20～60鎊，大多需自備盥洗用品。

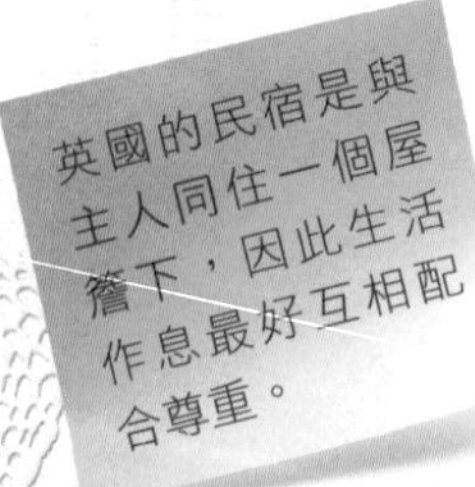

英國的民宿是與主人同住一個屋簷下，因此生活作息最好互相配合尊重。

MIKIKO LONDON英國倫敦民宿之本館

【特色】在英國可以信賴的朋友、服務貼心周到。

MIKIKO LONDON民宿由女主人Mikiko與男主人Andy夫妻共同經營。從小就夢想長大後要經營旅館的Mikiko來自香港，和台灣老公Andy一樣，兩人都是中學就到英國唸書，定居英國已有十七年，婚後兩人同心協力一起在倫敦經營民宿。

從事都市規劃工作的Mikiko，在倫敦東南邊皇家格林威治區的艾爾頓鎮Eltham買了一間愛德華式小洋房，是環境優美、居民素質又高的優質學區。夫婦倆住樓上，樓下兩間客房則開放為民宿，接待過包括台灣、港澳等地旅客，甚至還有日本旅客經由口耳相傳慕名而來。夫婦兩人都是把客人當作朋友般地尊重，住在這裡自由度高且沒有壓力，很適合年輕旅客。

943住在Mikiko家好幾天，每天見到Mikiko都是開開心心地，在不知不覺中也受到感染而心情開朗了起來。男主人Andy原本是不擅與陌生人交際的靦腆一族，但把民宿客人當朋友一般地接待，久而久之也很享受每天都能認識新朋友的生活。兩人都很細心、用心地把民宿當作事業，服務周到，例如貼心地準備小提籃給客人裝盥洗用品，還免費借給客人英國Sim卡和手機以方便連絡。

從此處搭倫敦市內火車到市中心頗方便，車程19分鐘可直達倫敦市中心的London Bridge站，或26分鐘到Charing Cross站，30分鐘到Victoria車站。東倫敦有三條支線，晚上搭火車回民宿時，務必認清月台進站告示牌，有抵達Eltham站的班次才能搭乘。

【總評】若想體驗英國僑居生活，又希望在異鄉旅行時能有朋友般誠摯又貼心的照顧，這間民宿是個溫暖的選擇。

免費提供設備										
書桌椅	衣櫃	衣架	磅秤	拖鞋	置物籃	濾水壺	燙衣板	轉接插頭	手機	英國SIM卡
V	V	V	V	V	V	V	V	V	V	V
急救箱	茶包	咖啡	沐浴乳	洗髮乳	洗手乳	鍋子	餐具	24hrs熱水	電暖設備	吹風機
V	V	V	V	V	V	V	V	V	V	V

電器可使用								
冰箱	微波爐	電爐	烤吐司機	燒水壺	濾水器	網路wifi	洗衣機	電熨斗
V	V	V	V	V	V	V	V*	V

＊註：住宿7天以上可免費洗一次，使用一次￡4含洗衣粉。

●左上.愛德華雙人客房。●左下.Mikiko本館的早餐內容。●下.有松隆子般甜美笑容的女主人Mikiko，只要週末有空時就會帶客人去逛街或享受美食。

Mikiko London民宿本館小檔案

主人名字 Mikiko & Andy

年紀 30多歲

家庭成員 夫妻兩人及三隻大白兔

定居英國時間 17年

電話 +44（0）7879-817107（從英國撥打才需加「0」）

傳真 +44（0）2083-338153

E-mail mikiko.lu@gmail.com

網址 www.mikikolondon.com

Facebook Mikiko London

立案登記 London Canary Ltd（Company Number：7756859）

提供服務 接送機（接送機服務～到London City Airport最低£28起，London Heathrow Airport最低£44起）、代訂餐廳/票券、行程建議、影印重要文件（如：機票、登機證、住宿證明等）、寄放行李全部免費。

2012房價 一晚一人£31起，詳細價格請參考網站，亦有提供長住優惠價格。

提供免費早餐 歐陸式早餐（Continental breakfast），種類多樣，有吐司、奶油、數種水果果醬、咖啡、濃縮果汁三款、牛奶、英國茶、穀片三種，及餅乾、可可粉，早餐不限時間，入住期間可隨時享用。第一天有迎賓小點心及迎賓茶。

浴廁 需與另一間房間客人共用。

位置 倫敦市內火車Southeastern線艾爾頓站（Eltham）附近（Zone4）步行10分鐘。

抵達市中心時間 搭火車19分鐘到London Bridge站、26分鐘到London Charing Cross站。週一至六最快9分鐘一班車。週日最快13分鐘一班車。週一至週六去程首班車05：40，週日去程首班車06：58。週日至週五回程末班車00：02，週六回程末班車00：18。

如何抵達民宿 從Eltham車站左手邊出口出站，穿過汽車停車場，左手邊有個從小陸橋下穿過的短通道，穿過後右轉沿著Dunvegan Rd走，到第二個交叉路口右轉即可看到MIKIKO LONDON本館。

訂房須知 請先到網站閱讀訂房須知並填寫訂房表格，含簡單自我介紹、同行同伴與旅遊目的，如此主人便能針對旅客個別需求，提供最貼切的專屬服務及量身訂做的旅遊建議。

民宿主人想對客人說的話

每一位來倫敦探親、度假旅遊、遊學、工作而入住MIKIKO LONDON的客人，都是我們重要的朋友，我們夫妻倆會盡心盡力地提供給您一個安全、經濟、乾淨、溫馨的房間住宿，並讓大家好好享受英國道地生活，感受真正的英倫氣息。

● 許多住客在留言本寫下圖文並茂的心情。

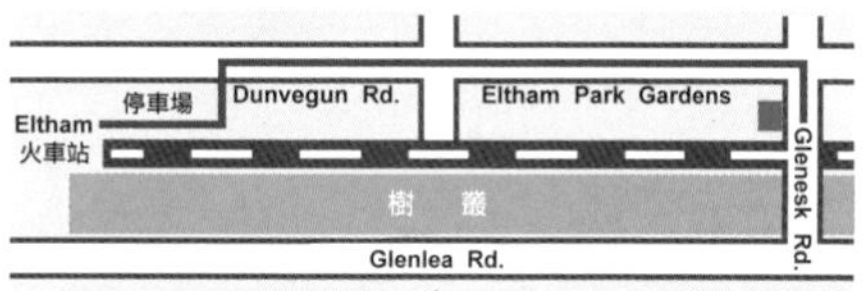

MIKIKO LONDON英國倫敦民宿之二館：MIKIKO CANARY金絲雀館

【特色】車站及ASDA超市很近非常方便，類似公寓雅房分租，獨立性比民宿高。

MIKIKO CANARY位在Zone2 Canary Wharf金融區Crossharbour捷運站旁的新式大樓中，兩間雅房，一間大房約5～6坪可住到四人，一間雙人房約3～4坪。兩間共用一間衛浴及廚房。浴室有洗髮精、沐浴乳、洗手乳。廚房有咖啡、茶、冰箱、微波爐、電爐、簡單碗盤鍋具。大門有密碼保全系統，房門也可獨立上鎖，還有磅秤給客人計算行李是否超重，相當貼心。

這裡就在車站旁邊，走路半分鐘內可達，在房間內雖然聽得到偶爾傳來的電車聲，但有雙層隔音玻璃又位在高樓，因此並不嘈雜。走路約3分鐘就能抵達倫敦市區規模數一數二龐大的ASDA超市，在此購買英國便宜又大碗的紀念品如唐寧茶、個人藥品等，或採買食物都非常划算。由於房間經常客滿，Mikiko夫婦也即將在奧運主場館附近開設三館，服務更多客人。

MIKIKO CANARY二館是女主人Mikiko婚前的舊家，她和老公Andy就是在這裡相識、相戀，並且在婚後攜手將這裡打造成民宿。平時夫妻兩人都在本館與客人相處，二館主要是客人住，適合不擅與人互動的旅人。

【總評】若只想充分運用時間在旅遊上，不想花精神與其他人打交道，這間交通方便的民宿，有廚房使用，可以節省不少寶貴的時間和金錢。

免費提供設備										
書桌椅	衣櫃	衣架	磅秤	拖鞋	置物籃	濾水壺	燙衣板	轉接插頭	手機	英國SIM卡
V	V	V	V	V	V	V	V	V	V	V
急救箱	茶包	咖啡	沐浴乳	洗髮乳	洗手乳	鍋子	餐具	24hrs熱水	電暖設備	吹風機
V	V	V	V	V	V	V	V	V	V	V

電器可使用								
冰箱	微波爐	電爐	烤吐司機	燒水壺	濾水器	網路wifi	洗衣機	電熨斗
V	V	V		V	V	V	V （不另收費）	V

左下. 金絲雀館雙人房。
左上. 中. 金絲雀館家庭房。

MIKIKO LONDON民宿二館小檔案

主人名字 Mikiko & Andy

年紀 30多歲

定居英國時間 17年

電話 +44（0）7879-817107（從英國撥打才需加「0」）

傳真 +44（0）2083-338153

E-mail mikiko.lu@gmail.com

網址 www.mikikolondon.com

Facebook Mikiko London

立案登記 London Canary Ltd（Company Number：7756859）

提供服務 同本館

2012房價 每晚每人£33起，詳細價格請參考網站，長住有優惠價。

早餐 不含早餐。

浴廁 需與另一間房間之住客輪流使用。

位置 DLR線之Crossharbour站旁（Zone2）步行半分鐘。

抵達市中心時間 搭地鐵15分鐘到London Bridge站，20分鐘到Westminster站。週一至週日最快4分鐘一班車，週一至週六去程首班車5:30，回程末班車00:30。週日去程首班車7:00，回程末班車23:30。

如何抵達民宿 下車後搭車站內的電梯到地面，出電梯後左轉，上樓梯即是MIKIKO金絲雀館。

訂房須知 同本館。

民宿主人想對客人說的話

金絲雀館是我們住了八年的家，也是當年第一次相遇的地方，這個溫馨又漂亮的家給了我們夫妻倆許多快樂和美好的回憶。我們也真誠地希望，您住在這裡的每一個時刻，都是愉快與幸福的！

可以自己開伙省下外食費用的廚房。

倫敦曼德琳B&B花園民宿

【特色】平價就能入住的英式花園洋房。

這間花園民宿位於西倫敦高級住宅區，女主人雅鈴多年前到倫敦遊學與英國籍先生Patrick浪漫相遇，歷經愛情長跑多年後結婚，婚後就一直在倫敦定居。先生Patrick是室內設計師，因此將自己心愛的家設計得漂漂亮亮，環境安靜清幽，有種住進裝潢雜誌中花園小豪宅的感覺。

男主人健談風趣，還會熱心地親自繪製地圖，推薦好吃好玩的餐廳和景點給客人，是聊天和練習英文的好對象。女主人勤勞、愛清潔且個性直率，夫婦倆沒有小孩，只有兩間房出租給客人，廚房只開放借用冰箱、微波爐、烤吐司機。

這間民宿最大的優點除了花園很美以外，處女座愛乾淨又完美主義的女主人將室內打掃得一塵不染，地毯乾淨到赤腳踩地毯也不會覺得不舒服，女主人非常愛惜自己的房子，也希望客人共同愛護這個美麗的環境。

位置在西倫敦Zone4治安良好的社區，最方便的方式是搭倫敦市內火車到Waterloo站轉地鐵。

此區距離倫敦希斯洛機場、皇家植物園裘園和溫莎古堡都很近，若想到鄰近城市也頗方便，可搭火車抵達的地點有牛津、劍橋、布萊頓、溫徹斯特等，直接從Syon Lane站上車即可，不必千里迢迢跑到倫敦市中心轉車，頗方便。交通除倫敦市內火車外，也可搭地鐵，不用擔心地鐵罷工或延誤。

值得注意的是鄰近的塞恩蘭站Syon Lane是小站，平時不一定有站務人員在站內服務，最好提早抵達車站，以免不熟悉自動售票機的操作而錯過火車。

【總評】如果你想花小錢體驗英國上流社會的花園小豪宅生活，而不在意B＆B只提供住宿及早餐，這裡是相當物超所值的選擇。

免費提供設備										
書桌椅	衣櫃	衣架	磅秤	拖鞋	置物籃	濾水壺	燙衣板	轉接插頭	手機	英國SIM卡
	V	V		V	V					
急救箱	茶包	咖啡	沐浴乳	洗髮乳	洗手乳	鍋子	餐具	24hrs熱水	電暖設備	吹風機
	V						V	V	V	V

電器可使用								
冰箱	微波爐	電爐	烤吐司機	燒水壺	濾水器	網路wifi	洗衣機	電熨斗
V	V		V	V	V	V	V（不另收費）	

● 左.白雪公主單人雅房。
● 右.艾麗絲曼藤玫瑰雙人房。

曼德琳B&B花園民宿小檔案

主人名字 Patrick(派屈克)&YaLing(雅鈴)

年紀 先生50多歲、太太40多歲

家庭成員 夫婦兩人

定居英國時間 先生數十年、太太12年

電話 +44 (0) 2078-473850

傳真 無

E-mail mandalays@tiscali.co.uk或yaling5398@hotmail.co.uk

網址 tw.myblog.yahoo.com/mandalays@ymail.com

提供服務 可安排回程計程車送機約£20、提供行程建議

房價 優雅浪漫白雪公主單人雅房30鎊、艾麗絲曼藤玫瑰雙人房52鎊。住滿一週以上另有優惠價。

早餐 住宿費用含歐陸式早餐，包括吐司麵包、果醬、奶油、茶、果汁、牛奶、優格。

浴廁 需與另一間房間之住客輪流使用。

位置 倫敦市內火車Southwest線塞恩蘭站(Syon Lane)附近(Zone4)步行7分鐘。

1. 搭倫敦市內火車Southwest線到塞恩蘭站Syon Lane下車。上月台天橋出站後過馬路，往右方叉路Brentford箭頭指標的下坡直走，在第一個交叉口左轉，沿著Almond Grove路直走到底，左轉直走數公尺到底再左轉走Maple Grove路到底，右方小台階通往花園的小鐵門即是曼德琳倫敦英國民宿。火車每15分鐘一班，35分鐘可到Waterloo或Vauxall火車站。往Waterloo的首班車05:36，回程末班火車23:52。火車通常自市中心Waterloo第15至20月台，或從Vauxall火車站第6月台發車。

2. 搭地鐵Piccadilly Line藍線至Osterley站下車，出站後不需過馬路，直接在地鐵站外面的公車站牌搭H91公車，至Gillette Corner站下車，車程約八分鐘。下車後往Shell殼牌加油站走，過馬路朝Homebase大賣場直走，過鐵道數公尺後循箭頭Brentford的指標往下坡直走，到了第一個交叉口，左轉沿著Almond Grove路直走到底後，左轉直走數公尺到底再左轉走Maple Grove路到底，右方小台階通往花園的小鐵門即是曼德琳倫敦英國民宿。

3. 搭希斯洛機場計程車：約25～30分鐘，車資約£30。

訂房須知 請先以E-mail聯絡，確定住宿日期後，請於三日內預付20%匯款訂金，接受銀行轉帳，以當天台灣YAHOO奇摩股市公告匯率計算，完成匯款請以E-MAIL告知，入住當天以現金繳清剩餘費用。

民宿主人想對客人說的話
本店小本經營，若取消訂房，訂金無法退還，請旅客見諒！室內全面禁菸。無加床服務。Check in時間為下午3點以後，Check out 為早上11點以前。

英國倫敦皇家民宿 London Prince Home

【特色】在英國有回家感覺的民宿，服務熱情溫馨。

不少嫁到英國的台灣女性開始經營民宿，這間也不例外，台灣女兒Debby及英國女婿Keith兩人都十分熱情健談，貼心建議客人旅遊景點及交通的各種叮嚀。Debby對客人總是熱情招呼，像照顧剛放學回家孩子的媽媽，樂意替客人解決疑難雜症。而常說英式冷笑話的英國女婿Keith也很體貼，協助經營民宿是為了使太太Debby與台灣人保持聯絡以解思鄉之情，也讓孩子對母親的家鄉有認同感及榮譽感。

Keith的父親（客人都叫他爺爺）覺得台灣客人都很友善體貼，喜歡與台灣客人相處，爺爺和Keith都對英國歷史瞭若指掌，也很樂意與客人分享英國歷史及文化方面的知識。再加上五歲的小孩，祖孫三代其樂融融地住在這間1881年就興建的維多利亞式兩層樓屋子。

民宿只有一間客房，因此一次只接待一組客人。主人夫婦每天早上7點多起床做早餐並送小朋友上學，客人吃的早餐和家人一樣，每天都有變化。附近有中低價位的雜貨店式小超市，步行10分鐘內也有一些外食店，需自備拖鞋。民宿位在Zone2的Backerloo線上，可任意轉地鐵到倫敦各角落，交通非常方便。

簡單地說，這家民宿綜合華人民宿和住英國B&B的優點，每天都能與友善的一家人親切互動，就像在倫敦有家人一般，既能與英國人交流、體驗英式生活，又能享有華語服務，可以輕鬆體驗在地生活與文化。

【總評】如果想體驗英國人溫馨的居家生活，想有被家人照顧的感覺，這間民宿不只是民宿，甚至可以給客人homestay般細心的照顧。

免費提供設備

書桌椅	衣櫃	衣架	磅秤	拖鞋	置物籃	濾水壺	燙衣板	轉接插頭	手機	英國SIM卡
	V	V	V							V
急救箱	茶包	咖啡	沐浴乳	洗髮乳	洗手乳	鍋子	餐具	24hrs熱水	電暖設備	吹風機
V							V	V	V	V

● 可單人睡，也可加床住到三、四人的房間。

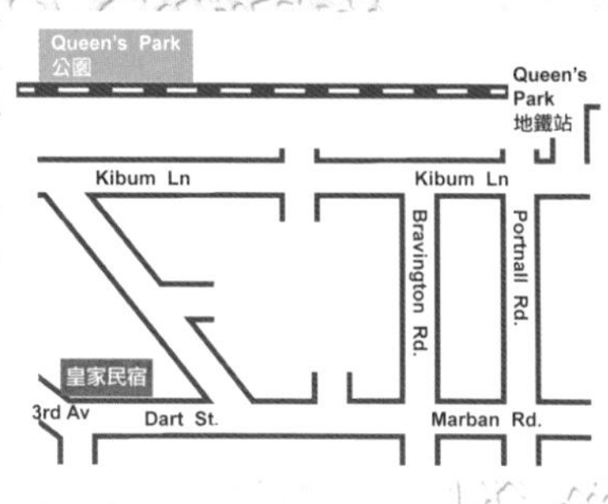

電器可使用								
冰箱	微波爐	電爐	烤吐司機	燒水壺	濾水器	網路wifi	洗衣機	電熨斗
V	V			V	V	V	V	

英國倫敦皇家民宿小檔案

主人名字　Debby & Keith

年紀　先生50多歲、太太40多歲

家庭成員　夫婦2人、小孩、爺爺共4人

定居英國時間　先生五十多年、太太七年

電話　+44 (0) 7738-387072

E-mail　londonprincehome@hotmail.com

網址　princehome.pixnet.net/blog

提供服務　五星級飯店專業司機接送機（接機40英磅、送機三十英磅起，以航站、人數及假日計）、代訂餐廳、行程建議

房價　以人數來計算，55英磅起，可連結此網址：princehome.pixnet.net/blog/post/34246171

早餐　免費提供。

浴廁　需與主人夫婦輪流使用。

位置　地鐵Backerloo線之Queen's Park站（Zone2）步行10分鐘。

抵達市中心時間　搭地鐵Backerloo線16分鐘直達Oxford circle，19分鐘直達Picaddily circle ，20分鐘直達Charing Cross站，每2～3分鐘一班車。平日往Charing Cross首班車05:38，回Queen's Park站末班車00:29發車。

如何抵達民宿　請連結此網址princehome.pixnet.net/blog/post/24826677

訂房須知　訂房以訂金入帳為準，有關須知請連結此網址：princehome.pixnet.net/blog/post/34246171

民宿主人想對客人說的話

旅行也是一種放鬆，期待您成為我們倫敦家的一分子。

寬敞明亮的浴室。

J&H之家

【特色】體驗英國僑居生活的省錢選擇。

這是位在東倫敦安靜住宅區中的某間英式小洋房，主人是來自馬來西亞的華人年輕夫婦Jack和Hazel。七年前到英國留學後便定居倫敦，原本只是將家裡空房給來英國旅行的朋友們借住，沒想到日子久了，越來越多朋友的朋友希望貼補水電費換取借宿，於是演變為民宿，住宿旅客大都是口耳相傳介紹。負責聯絡的是擔任專業翻譯的妻子Hazel，可讀中文Email但習慣用英文回信。先生Jack在家做SOHO工作，更是能幹的奶爸，夫妻兩人都會說華語、廣東話，及非常類似台語的福建話，也就是說台語嘛也通！

夫妻二人都十分客氣安靜，但還是常主動關心客人隔日的旅遊路線，並給予搭車建議。三個小孩的年紀分別是一到三歲。客房、主人房與小孩房都在二樓，一樓有另一間客房。住宿費以人數計算，一人20鎊是十分便宜的價格。由於英國天氣乾燥容易失火，因此瓦斯爐不外借使用，若要煮飯只能使用微波爐，但英國冷凍食品種類非常豐富且大廠牌評價不錯，就算不上館子也不會委屈肚子。

從這間民宿搭倫敦市內火車到市中心，單程車資只需2.4鎊，即使同一趟轉搭地鐵也只需3.5鎊。不同班次的火車可抵達Charing Cross站、London Bridge站或Victoria車站，滿方便的。從Charing Cross站下車後，步行可到特拉法加廣場、中國城、SOHO區、柯芬園、白金漢宮等知名景點。從市中心搭車回程時需注意，不是所有從該月台出發並前往Dartford的火車都會停靠Welling站，請務必確認月台上即將入站的火車班次跑馬燈顯示停靠站有Welling站才能搭乘。

【總評】若想節省住宿費，又不想住多人房的青年旅館，這裡是非常便宜又居住品質不錯的選擇。

免費提供設備										
書桌椅	衣櫃	衣架	磅秤	拖鞋	置物籃	濾水壺	燙衣板	轉接插頭	手機	英國SIM卡
V	V	V								
急救箱	茶包	咖啡	沐浴乳	洗髮乳	洗手乳	鍋子	餐具	24hrs熱水	電暖設備	吹風機
						V	V	V	V	V

電器可使用								
冰箱	微波爐	電爐	烤吐司機	燒水壺	濾水器	網路wifi	洗衣機	電熨斗
V	V		V	V	V	V	V （一次5鎊）	V

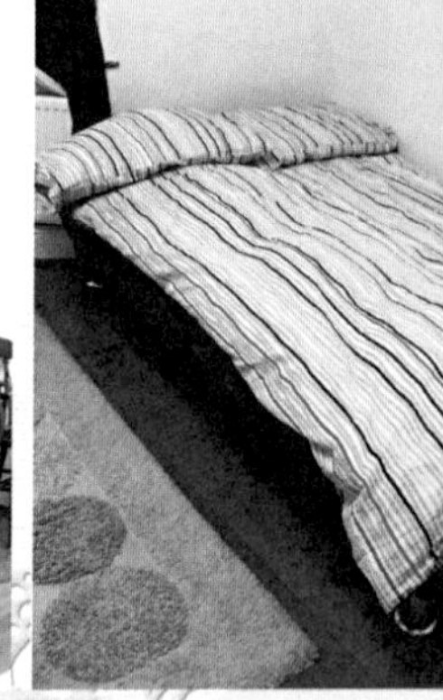

● 蒙娜麗莎房。

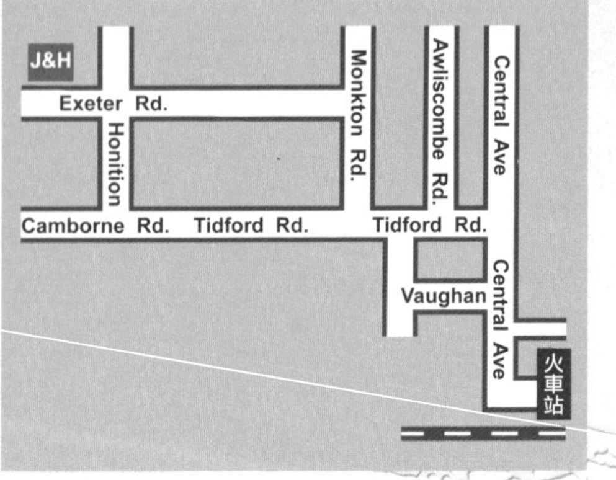

J&H之家小檔案

主人名字 Jack & Hazel

家庭成員 夫婦兩人及小孩1女2男

定居英國時間 8 年

電話 +44 (0) 78687-25950

E-mail jackhazelhome@gmail.com

網址 jhlondonhome.blogspot.com

提供服務 接送機Heathrow & Luton 機場 £65. Standsted, Gatwick Airport £55, City Airport £45、推薦一日遊行程：牛津、劍橋、巴斯。

房價 每人每晚20鎊

早餐 促銷時才含早餐。

浴廁 需與主人家成員與另一間住客輪流使用。

位置 倫敦市內火車Southeastern線之Welling站（Zone4）步行10分鐘。
從Victoria車站搭市內火車Southeastern線，往Dartford站或Barnehurst站方向並有到Welling站的火車可達。

抵達市中心時間 搭火車23分鐘直達London Bridge車站，35分鐘直達Charing Cross車站或Victoria車站（週日無從Victoria站發車至Welling），平均每10分鐘一班車。往London Bridge首班車5:34，從London Bridge回Welling的末班車00:26發車。

如何抵達民宿 自Welling站靠停車場之出口出站，遇大馬路Central Ave右轉後直走，在第二個叉路Tidford Road左轉直走到底，右轉Honiton Road走數公尺，遇第一個交叉路口左轉即是Exeter Road。

訂房須知 請先轉帳50%訂金，轉帳手續費等費用由房客負擔。

民宿主人想對客人說的話

多年來，我們和許多住宿的客人成為朋友，也歡迎您成為我們的客人！我們了解人生地不熟的困難，有什麼不了解的地方請開口問吧！我們將盡其所能地提供旅遊資訊諮詢，幫助客人們省錢省力，並有個美好的倫敦之旅。

住民宿注意事項

1. **作息需互相體諒**：倫敦民宿不像台灣民宿，通常是和主人住在一起，因此最好彼此相互體諒配合，不是屋內每樣東西都開放借用，最好先詢問一下主人以示尊重。習慣晚起或怕吵者，最好考量主人成員作息及共用衛浴的問題。
2. **切勿抱著「出錢是大爺」的心態**：使用公共區域的電器及用品時，要先和主人打招呼。別抱著能用多少就回本多少的心態無限制消耗免費提供的東西，因為民宿也是小本經營，這樣很失禮。此外，英國的民宿通常只提供一人份，不是buffet式吃到飽，別過度取用，甚至把主人的東西打包帶走，吃乾抹淨非常不上道。

屋美價廉的低價旅館

943省錢妙招
出門前請記得隨手帶張旅館名片外出並加拍街景在相機中，以防迷路。

住旅館的好處是不必與別人共用衛浴，也沒有許多機會使用英文，適合英語不太靈光的旅人。但缺點是價格較貴，體驗英國文化的機會較少，旅館多位在市區，因而房間通常只有1～2坪，比民宿小了一半。但若不想住青年旅館或民宿，可考慮連鎖折扣簡易旅館如traveLodge，最低折扣房19鎊起跳，許多是位在郊區的旅館，位於市中心的旅館則通常以週一價格為最低、週四、週五次之。由於價格低廉，因此服務種類比較少，有些加寢具需收費。另外也有廉價旅館如easyjet航空公司旗下的easy Hotel，還有AirAsia公司旗下的Tune Hotels可以選擇。

● 上網搜尋特價旅館，有時可以訂到超低價的房間。

easyHotel

廉價航空公司easyjet旗下的連鎖旅館，當年開幕時的超低價0.02鎊可是轟動武林。若兩個月前預約可訂到一晚35鎊，因此常常客滿。這裡空間不大、設備簡單，但是出入方便，因此比較適合只求有地方可睡、晚上一回到旅館就睡覺的單身出差客。房間內除了一張床以外，只有走道，可以放行李的地方不到一張榻榻米大小，若兩人同住空間有限，僅容旋身。衛浴大小和飛機上的洗手間有得拚，身材大隻一點的旅客恐怕不太方便。房間沒有電話，僅提供毛巾，盥洗用品必須自備。

由於沒有電梯，必須自行扛著行李上下樓梯。使用電子磁卡，便宜的房間沒有窗戶，採中央空調。更改住宿日期要另外加錢，入住期間若希望每天更換床單則需按次收費。附近的Tachbrook街有攤販賣中東、印度食物，或3鎊可買好大一條墨西哥捲，很多人排隊。

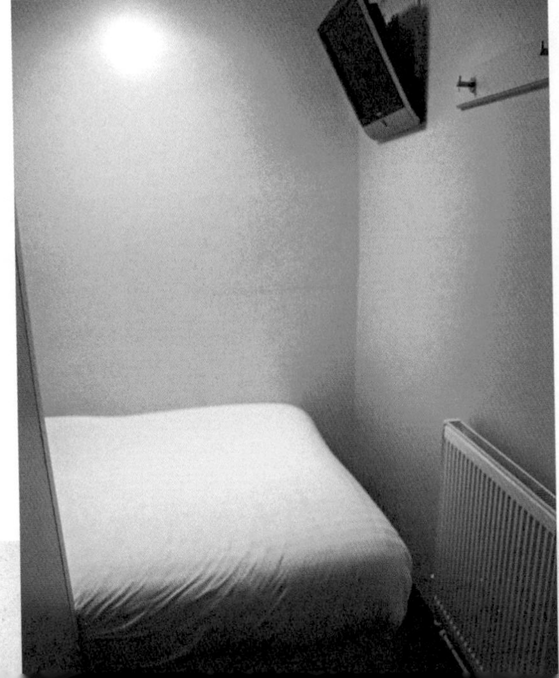

Tune Hotels

同樣也是廉價航空公司旗下的關係企業。Tune Hotels是AirAsia在吉隆坡、倫敦等地開設的廉價旅館。新館開幕時，推出每房0.02鎊的大特價時，還造成網路大塞機。櫃台免費提供價值3鎊的倫敦生活情報誌《Timeout》等雜誌。Westminster店就在Waterloo火車站附近。

Tune Hotels靠近Waterloo車站的Westminster店，從高樓層可見倫敦眼。房間比easyHotel稍大一點，含衛浴約2坪大，房內備有免費使用的吹風機及保險箱，出入使用電子卡。但看電視需要收費，24小時3鎊。WIFI也要另收費，一小時1.5鎊，24小時3鎊，幸好目前使用冷氣不另收費。最便宜的房間沒有對外窗。由於空間有限，比較多單人旅客入住。

既然是講究環保及創意的AirAsia關係企業，Tune Hotels也有環保節能的法寶，那就是旅館內全部改裝為自動感應的走廊燈，有人經過就會自動開啟燈光，無人時自動關閉，可以節省不少能源。

● 空調、電扇、勿擾顯示燈……全部電子化管理。

● 即使房價便宜，卻仍有保險箱。

● 雙層玻璃隔音隔熱，即使鄰近大馬路也不會太吵。

● 麻雀雖小、五臟俱全的浴廁。

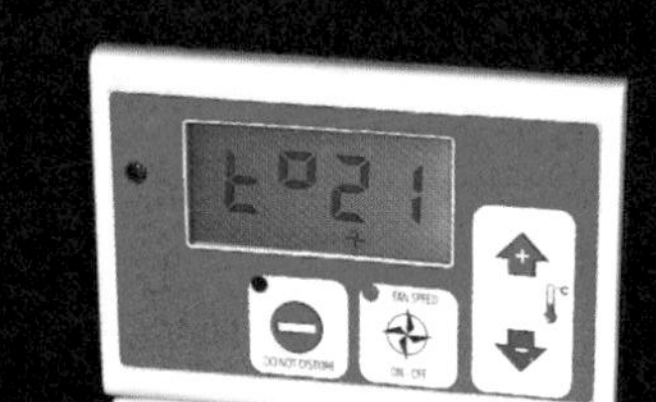

便宜旅館訂房網站：

- www.london30.com
- www.travelodge.com
- www.laterooms.com
- www.lastminute.com

便宜旅館資訊：

- easyHotel

【網址】easyhotel.com
【價格】單人房每晚35鎊起。

- Tune Hotels

【網址】www.tunehotels.com/uk
【價格】一房35鎊起

其他超省錢住宿

短期租屋

943省錢妙招
即使是短期租屋，還是要與屋主簽約，比較有保障。

若打算住一個月以上的旅客，可上網向當地人徵求短期分租。若計畫在寒暑假期間到英國旅行一週以上，可到「背包客棧自助旅行論壇英國討論區」的住宿討論串看看，最近有沒有留學生要轉租房間。或者上台灣留英學生論壇「HelloUK」的LSE、UCL等位於倫敦市中心學校的同學會討論區張貼訊息，徵求留學生回台期間轉租房間，或詢問台灣留學生是否願意分租客廳（英國的客廳大都有門，隱私較無問題）。若是借住朋友家，補貼水電費，一個人大約每個月50～100鎊左右。

另外，不少倫敦人會在暫時出國度假、出差時，把房子短期出租，倫敦更有許多僑居倫敦的歐洲居民或留學生在返鄉探親時出租房間，這時就有比較便宜的房間可以考慮，可上當地人氣最旺盛的gumtree討論區或最近新興的airbnb網站找尋。Airbnb是當地人把空房間臨時出租給旅人，就像B&B那樣，有點像台灣的日租公寓，但要注意安全。

倫敦東北區治安較不佳，住宿時請避開這個區域。英國租屋通常都是以週為計價單位，而不是按月計算，倫敦雅房的一般行情是每週100鎊上下，低於每週100鎊的大多是住宿環境不佳，或位在治安不好的區域，建議盡量避開。尤其是老倫敦們聞之色變的倫敦東北方Hackney Central站、南邊Elephant & Castle站及Brixton站等地鐵站周邊，而倫敦東邊Gallions Reach站則是倫敦市化糞池所在地，這些站周邊都是環境不佳的區域。

● 若住一個月以上，找短期分租或台灣留學生轉租的房間，會比住旅館便宜很多。

「沙發衝浪」借宿

943省錢妙招

沙發衝浪不是佔人便宜的免費住宿，建議還是準備小禮物及做菜等方式回饋沙發主人，才能賓主盡歡，又可做好國民外交。

沙發衝浪是近年全世界新興的旅行方式，旅人以借宿在當地人家的方式體驗當地文化，而當地人則以免費接待外地人的方式認識異國文化及讓外國人認識自己的家園，立意是以借宿建立國民外交，也是943最愛的深度旅行方式。詳情請見拙作《一張機票玩6國》或部落格上已有詳盡的介紹，在此不再贅述。沙發衝浪較適合不到兩人的旅行，因為三人以上較難找到空間足夠的沙發主人；且英文口語能力必須有中上程度，才不致冷落沙發主人而有失禮節，畢竟充分的交流溝通是賓主盡歡的最佳方式。一般而言，要找到倫敦Zone2內的沙發並不容易，很多倫敦居民住在Zone4以外，因此最好搭配travelcard，即使住很遠也不怕交通費飆高，Zone4內每日來回約8鎊左右。

替人看家免費住宿

物價高的國家往往會有反其道而行的優惠措施，有些是低價促銷，有些則是求生存的方式。943的省錢雷達就注意到歐美近年來有種風潮興起，那就是屋主出遠門前會上網找人幫忙看房子，也就是所謂的「看家保姆」，這種保姆要顧的不是小

● 943在英國沙發衝浪時住的學生小雅房。

● 英國不少人家擁有露營車，夏天貼水電費住裡面，可省下英國高昂的租屋費用。

孩，而是屋主不在家時的房子。很多倫敦人在外出度假、長期出差或返鄉探親時，會找看家保姆來照顧房子，這樣就不必為了出租房子而必須把房間清空，又有人可以負擔他們不在家時的水電費。更多屋主考慮找看家保姆而非出租房屋的原因是他們心愛的寵物，因此看家保姆的任務不但包括維持房屋清潔、澆花、收信、接電話，有些還需要餵食貓狗或蹓狗等，若是愛貓或愛狗人士，也是很不錯的省錢方案。有些專業的看家保姆甚至還能收費，意思就是他們不但能住免費的房子、免付水電費帳單，還有薪水可賺。

另外，在房價高漲的倫敦也有房屋仲介公司推出替客戶看家的免費住宿方案，可惜要碰運氣，往往一有機會釋出就瞬間秒殺。建議想去英國打工度假的人可找有宿舍可住的工作機會，或是借宿當地的朋友家。

借住露營車

943也常看到不少買了露營車的英國人平日把車停在院子裡，若神通廣大到認識這些家裡有露營車的英國朋友，交情好的話可以考慮每月貼補50～100鎊的水電費，借宿在他們的露營車裡。雖然歐洲露營車的隔熱都做得不錯，冬暖夏涼，但最好要有暖氣設備及發電機，因為英國的冬天冷起來可不是開玩笑的。

當保姆換住宿

除HelpX及WWOOF農場換宿外，近年來歐美紐澳漸漸興起「互惠保姆」（Au Pair）潮流。Au Pair一

● 替人看家可以住免費房子，有些還有薪水可賺！

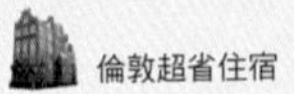

詞來自法語，亦即平等互惠之意。許多家庭無力負擔過高的保姆費，於是以包吃包住及提供零用金的方式，交換國外青年到家裡照顧三歲以上兒童及幫忙簡單家務，越來越多想體驗國外生活及語言的年輕人都以這個形式到國外生活。

在西方國家吹起華語熱的今天，華語保姆擁有雙語優勢，可以交換語言、包吃包住包機票，更有薪水可領。工作內容包含陪幼童做功課及玩遊戲，做飯給小孩及接送等，每天工作約4小時。不需執照，比農場的勞力工作輕鬆些，也更有機會練習語言。

但這種保姆工作需要申請特別的簽證，不能以免簽證方式進入英國。並需與住同一屋簷下的雇主家庭在生活起居上互相配合體諒，需要一定程度的EQ及英語能力。工作上務必守信用，不可臨時不工作卻不通知對方，如此會讓人對台灣留下不好的印象。每天屬於自己的時間比較零碎，只有週日才能整天放假。

常有租屋訊息的英國討論區：

www.gumtree.com/flatshare-wanted
www.accommodationforstudents.com
www.airbnb.com

沙發衝浪網站：

www.couchsurfing.org

943找到不少替人看家的免費住宿搜尋網站，適合長期旅居英國的旅人：

www.housecarers.com
www.housesitworld.com/uk
www.housesitworld.com
www.mindmyhouse.com
www.trustedhousesitters.com
uk.cameloteurope.com

媒合互惠保姆Au Pair的網站：

www.greataupairs.co.uk
www.bapaa.org.uk
www.aupairs.co.uk
www.findaupair.com
www.quickaupair.co.uk
www.aupairinuk.com
aupair-visa-uk.greataupair.com
tinieschildcare.co.uk
www.nannyjob.co.uk
www.aupair-world.net
www.aupair.com
www.greataupair.com
www.newaupair.com/DeletedF.aspx
www.europa-pages.com/au_pair/uk.html

倫敦怎麼住最划算？

挑選省錢住宿不能只看房價，還要計算三餐及交通費用，
以下是943建議的倫敦住宿划算方案：

住宿	早餐費用	每日通勤車資	住宿費用	是否可自炊省餐費	總計（兩人同行）
YHA London Oxford Street	早餐另付費	$0，市中心步行可達	多人房宿舍一床20鎊起，雙人房50鎊起	有廚房可自炊	每人25鎊起，含交通不含早餐
YHA London St Pauls	早餐另付費	$0，市中心步行可達	多人房宿舍一床15鎊起，三人房67鎊起	無廚房	每人15鎊起，含交通不含早餐
LSE位於市中心的宿舍	$0，含早餐buffet	$0，市中心散步30～40分鐘可達	一房46鎊起	廚房不外借	每人23鎊起，含交通含早餐
King's College宿舍Stamford Street	早餐需自行購買	$0，市中心散步30～40分鐘可達	單人房44鎊起	廚房不外借	每人44鎊起，含交通不含早餐
King's College宿舍Hampstead Campus	$0，含早餐（吐司等）	$0，市中心散步30～40分鐘可達	雙人房58鎊起	廚房不外借	每人29鎊起，含交通含早餐
TraveLodge連鎖旅館	早餐需自行購買	Zone4火車來回共5鎊內，離峰travelcard約7.7鎊搭到飽	三人房25鎊起	無廚房	每人13鎊起，含交通不含早餐

943省錢妙招

若想造訪的景點都在市中心，不像Tate Britain博物館、諾丁丘古董市集等離市中心有點距離的地方，住市中心的青年旅館是花費最少的。

如果想去遠一點的地方，例如東倫敦購物中心、V＆A博物館等景點，最好把要搭車的景點安排在同一天，使用Day卡搭車搭到飽。

相反地，若有好幾天都需要搭車，那麼住華人民宿，買Zone4的Travelcard 離峰一日卡或週卡只需要多花幾鎊，卻能擁有較好的住宿品質，也是值得考慮的選擇。

民宿Mikiko London本館	$0，含早餐（吐司等）	Zone4火車來回共5鎊內，離峰travelcard約7.7鎊搭到飽	本館單人房45鎊，雙人房62鎊，三人房93鎊	只外借冰箱、微波爐、烤吐司機及電爐	每人36鎊起，含交通含早餐（本館）
民宿Mikiko London二館	不含早餐	Zone2地鐵來回共4鎊內，離峰travelcard約7鎊搭到飽	二館雙人房72鎊，三人房111鎊	有廚房可自炊	每人40鎊起，含交通不含早餐
曼德琳B&B花園民宿	$0，含早餐（吐司等）	Zone4火車來回共5鎊內，離峰travelcard約7.7鎊搭到飽	單人房30鎊，雙人房53鎊，三人房60鎊	只外借冰箱、微波爐及烤吐司機	每人31.5鎊起，含交通含早餐
英國倫敦皇家民宿	$0，含早餐（與主人吃同樣早餐）	Zone2地鐵來回共4鎊內，離峰travelcard約7.7鎊搭到飽	單人房55鎊，雙人房75鎊，三人房99鎊	廚房不外借	每人41.5鎊起，含交通含早餐
民宿J&H之家	早餐需自行購買	Zone4火車來回共5鎊內，離峰travelcard約7.7鎊搭到飽	單人房20鎊，雙人房40鎊，三人房60鎊	只外借微波爐及烤吐司機	每人25鎊起，含交通不含早餐
沙發衝浪（交換借宿），借住倫敦人的家	早餐需自行購買	若住Zone4火車來回共5鎊內，離峰travelcard約7.7鎊搭到飽	$0，但建議帶小禮物及做菜回饋主人，三人以上較難找借宿	有些可外借廚房	每人5鎊起，含交通不含早餐，但建議帶小禮物及做菜回饋主人
短期租屋或轉租留學生房間（停留一週以上）	早餐需自行購買	若住Zone4火車來回共5鎊內，離峰travelcard約7.7鎊搭到飽	一間雅房每週約100鎊，平均每天約15鎊	有些可外借廚房	每人20鎊起，含交通不含早餐

註：住宿價格常有變動，請上網確認最新價格。（整理製表：943）

住英式住宅體驗英國文化

旅遊最深入的方式就是融入當地文化，
英國人都住什麼樣的房子？

● 英國住宅區內連棟磚造房屋大多是維多利亞時期的建築。

● 典型的愛德華時期建築。

維多利亞時期建築：

多為建於19世紀、五間以上的連棟建築。英國工業革命時期，許多鄉村人口大量湧入都市，每個房間往往擠滿一家老小；進入20世紀後，才逐漸將一樓後方房間改為客廳，因此典型英國的客廳是與房間一樣有內門的，前方陽光充足的大房間則常做為主臥室。

愛德華時期：

到了二十世紀，也就是維多利亞女王之子愛德華七世當政時期，英國社會的富裕化充分反應在建築上，此時期家屋面積加大，多為雙併或獨棟，外觀也更華麗，有大量木雕做裝飾。大多以地下室做為廚房，前門另有一層小樓梯通往地下一樓，地下室窗戶與街道有段間隔，以保持地下室有約半層樓以上的良好採光；墊高地下室，使位在一樓的寢室減少濕氣與寒氣之害，是相當高明的設計。建築最頂層的窗戶則通常較小，當時多半為僕人房。

典型英式住家是前院小、後院大，和美國注重門面的大前院非常不同。英式前院圍欄高度通常比膝蓋還低，後院的木圍牆則相當於一個人的高度，可與鄰居寒暄卻又能保有隱私。英國人喜歡在天氣好時把餐桌搬到室外有陽光處用餐，喜歡在後院種菜、馬鈴薯，幾乎家家戶戶的後院都有蘋果或橘子等果樹，也愛加蓋小木屋擺放工具或當工作室。英國人偏好把植物種活的園藝，而非把活的植物切段做為插花，前院的花最好五彩繽紛，尤其是異國或來自熱帶、亞非的植物更顯得品味不凡。

英國住家很少裝鐵窗，距離馬路很近的窗戶玻璃也很少被擊破，但停在路邊的汽車玻璃卻常遭殃。這是因為英國砸毀車窗玻璃的，多半是缺錢花用而臨時起意的青少年，怕屋內有人因此不敢砸毀家戶玻璃。而台灣的賊大多不是一般人，常是職業小偷，經過事前勘查或蜘蛛人特技與闖空門的膽量，因此台灣的車玻璃較少被砸毀，但沒裝鐵窗的窗戶卻因為突兀而顯得特別危險，這是英國和台灣文化有趣的相反之處。

英國稱一樓為地面樓ground floor，電梯的按鈕符號通常是G。樓層從二樓以上開始算，所以二樓在英國稱為first floor、三樓則是second floor……如果店員回答洗手間在second floor，可別跑到台灣所謂的二樓了。

英國住宿注意事項

無論住青年旅館、民宿或沙發衝浪借宿，由於國情不同，有些事情需要多加留意，以免給自己和別人帶來麻煩。

廚房

1.**天乾物燥，小心火燭**：英國氣候乾燥，即使一點小小火花也極易引發火災。許多在台灣時毫無危險的舉動，在英國卻很容易釀成災害。因外國旅客不熟悉英國廚具操作方式而引起的火災時有所聞，因此民宿多半不借用微波爐以外的加熱工具。

2.**小心油煙**：使用烤箱或大火快炒時要小心，因為油煙容易觸動警鈴。英國法律規定住家必須安裝煙霧偵測器，這些裝置大多異常靈敏，稍有煙味（是的，在警報器下方抽菸也算）就會警鈴大作、驚動鄰居，甚至引來消防車（有些需付出高昂的出勤費），非常麻煩。更糟糕的是，警報響起時若不趕緊撤退到室外，是會被罰錢的，即使當時正在洗澡或外頭下雪！

3.**鮮奶請勿橫放**：英國鮮奶價格比台灣便宜些，牛奶是許多人旅行英國的必買物。放入冰箱時，鮮奶瓶身切勿橫放，因為英國鮮奶的瓶蓋咬口做得較短，橫放時容易溢出，容器也比台灣薄得多，不小心摔落時必破無疑。

房間

別在房間用餐：英國由於氣候寒冷，室內常全鋪地毯，建議住英國民家時，別在房間內吃味道濃重的食物，例如泡麵、炒菜等，否則會讓整間房間都是食物的味道，久散不去，造成主人的困擾。

浴廁

1. **洗澡時小心淹水**：英國住家大多使用地毯，連浴室也不例外，典型英式住家的浴室地板並沒有排水孔，這與台灣非常不同！因此943已經聽過N次台灣旅客或初到英國的留學生洗澡時不慎讓浴室「大淹水」的慘劇，洗澡時最好多加留意，不要讓蓮蓬頭的水濺到浴缸外頭。
2. **衛生紙請丟入馬桶**：英國的衛生紙可溶解於水，因此上廁所時用過的衛生紙都要直接丟入馬桶。垃圾桶主要是裝包好的衛生用品，不是裝滿被污染的衛生紙。
3. **開關、插座大不同**：英國很多傳統式建築內的浴室電燈開關可有玄機了，因為是用拉的而不是用按的，半夜摸黑找不到開關是家常便飯。而英式插座則多了安全開關裝置，當插座切到off時，插好插頭再打開開關，比較安全。

Underground
Way out
Station reception
Taxis
First aid point
Way out
NetworkRail
Welcome to Waterloo Station

倫敦交通精打細算

R CURRENT
AD BETTING
DER SELLING
HORT?
TRADE UP TO INDEX
WHSmith
WHSmith
CASTLE

基本的交通規劃

如何從希斯洛機場到倫敦市中心？

從倫敦最大的希斯洛機場到市區，除了車程慢又容易塞車的巴士以外，共有三種大眾運輸方法可以前往：

1. **希斯洛機場快線 Heathrow Express**：每15分鐘一班，車程只要15分鐘，最低單程票價卻要18鎊，是最貴的方式。只能在抵達倫敦帕丁頓火車站PADDINGTON後轉車，由於帕丁頓火車站與大倫敦區絕大多數的火車並無相通，若非住Heathrow Express沿線，都得再轉乘地鐵，也有上下樓梯的問題。
2. **火車Heathrow Connect**：半小時一班車，單程票價9.1鎊，終點也是只到帕丁頓火車站。
3. **地鐵皮卡底里線Piccadilly Line**：是最省錢的方式，每5～10分鐘一班車，班次相當頻繁，從希斯洛機場各航廈所在的Zone6到市中心Zone1，現金買單程票是5鎊，若刷Oyster卡（機場有售）入站，則是尖峰時間（早上6:30～9:30、下午

地鐵皮卡底里線是往來希斯洛機場最省錢的交通方式。

4:00～7:00）4.5鎊、離峰時間只要2.7鎊，車程約一小時，缺點是上下班時較擠。往機場首班Osterley 4：49發車，末班凌晨1點抵機場；往市區首班希斯洛機場5：02發車，末班11點機場發車。

總之，只要不是住在帕丁頓站周邊，都要另外轉搭地鐵，還不如早早搭四通八達的皮卡底里線地鐵到倫敦市區。若搭地鐵到市中心，雖然比機場快線多花45分鐘，卻能省下至少13.5鎊，換算成時薪就是一小時828元，現在要找這麼高的時薪工作可不容易，當然是搭地鐵划算。

往來倫敦各機場這樣最省～
機場巴士搭easyBus超划算！

若從倫敦其他機場降落，或從倫敦搭機飛往其他歐陸國家或北非、土耳其旅行，歐洲著名廉價航空公司旗下的easyBus是英國最便宜的機場巴士，連結倫敦幾個飛往歐洲各國的廉價航空機場。除了希斯洛機場的easyBus班車只到倫敦西北方的Watford火車站、需要多次轉乘才能抵達倫敦各角落，不建議搭乘以外，連接其他機場的上下車地點都尚稱方便。

便宜訣竅：網上買easyBus車票比機場便宜，最低2鎊，距離出發時間很近才上網買也常有8鎊優惠，現場買則11鎊（easyBus：www.easybus.co.uk）。

機場	盧頓機場 Luton Airport	斯丹斯坦機場 Stansted Airport	格域機場 Gatwick Airport	希斯洛機場 Heathrow Airport
主要上下車地點	Baker Street地鐵站、Marble Arch地鐵站、維多利亞站旁	Baker Street 地鐵站	Earl's Court 地鐵站	Watford火車站
票價範圍	單程2～10鎊	單程2～10鎊	單程2～10鎊	單程1.5鎊起
車程時間	約1小時又20分鐘	約1小時又15分鐘	約1小時零5分	約1小時零5分

943省錢妙招

訂票時，網站會顯示不同班次的不同價格。由於easyBus為了因應班機可能延誤的狀況，可接受乘客彈性地在搭車時間90分鐘內改搭下一班（只要車上還有空位，下飛機後要先到機場的easyBus劃位），所以這中間就有一些省錢的空間了。

以943的經驗來說，例如班機預定晚上7點抵達，算算出關時間，7點45分的車最保險最適合，但7點45分的班次要8鎊，而網站顯示7點15分的班車只要最低價2鎊，這時可考慮訂7點15分只要2鎊的車票，因為這張車票延遲90分鐘內都有效，也就是用7點15分的車票，最晚到8點45分都能搭車。

搭車順序：

1. 下機出關領好行李後，記得先到機場easyBus櫃台劃位（其實算是報到，上車自己找位子，若沒報到，巴士客滿就會被順延至次班）。
2. 於發車時間前至少5分鐘，走到月台搭車。

注意事項：

1. 歐洲大小航空公司常有臨時更改班機時間的狀況，班機延誤的機率不小。雖說easyBus容許90分鐘內搭下一班車的彈性，但仍須考慮更改班機時間可能提前或延後超過90分鐘的風險，就算是easyjet航空公司臨時更改班機時間使得訂好的巴士票作廢，他們也概不負責。可以考慮等班機online-checkin後再買巴士票，這樣比較不會因為變動時間而得重新買票，退票只能退回部分價格。
2. easyBus和其他機場巴士在倫敦市中心的上下車地點，並非地鐵站或客運站內，而是馬路上的公車候車亭，不一定好找，一定要詳細閱讀網站上的地圖、班車編號、站牌編號及車站位置的描述，最好事先搭配Google地圖加以確認，記錄在自己的行程表裡，才不會因迷路或等錯地方而錯過班車。

3. easyBus有時會脫班，可別把趕飛機的回程時間算得太緊，例如搭起飛前一個半小時才到機場的班車就太冒險了，最好提早三小時抵達機場，可以避免很多突發狀況。

以上是從各機場抵達倫敦市中心最便宜的巴士，但也可以到老字號的巴士National Express網站搜尋一下，有時會有不定期、不定班次的一鎊車票「Fun Fare」推出。

規劃倫敦交通好用網站

到倫敦自助旅行，這兩個交通相關的網站一定要搭配使用，非常方便！

www.tfl.gov.uk

倫敦最權威的交通資訊網站，也是旅行倫敦必訪網站，可依照個人需要，查詢倫敦的交通路線。例如：若不想帶著大行李爬樓梯，可以勾選「不走樓梯」的選項，這樣網站就會剔除沒有手扶梯或電梯的轉乘車站，尤其是大包小包前往機場時，這個選項非常好用。

www.transportdirect.info

這是規劃倫敦路線非常好用的網站，它能精準列出從某個地址到另一城市、另一地址的完整走法，包括：從住處如何走到車站、如何轉乘及票價、時刻，下車後如何走到目的地等。連自己開車、騎車也能規劃，對於想要事前規劃精算費用的省錢一族來說，真是一大利器，不再害怕迷路。有趣的是，這個網站還會幫忙計算步行時消耗的卡路里和節省的碳指數，超可愛的。

倫敦市內交通省錢必學

倫敦大眾運輸的票價相當昂貴，票券系統也非常複雜，若真要歸納，買票有三種選擇：

1.用現金買單程票 Cash

意即用現金在車站窗口或自動售票機買票，最貴也最不划算。

2.牡蠣卡 Oyster

Oyster卡有點像台北的悠遊卡，是智慧型感應磁卡，搭多少扣多少，可用此卡搭乘大倫敦地區的地下鐵、地上鐵、巴士、大部分的倫敦市內火車和泰晤士河部分船班。

Oyster卡在倫敦各大地鐵站、火車站甚至特約商店都可買到，購買時需付押金5鎊，再請服務人員加值top-up（建議每次10～20鎊），離開英國時可在任何一個車站退還（refound）此卡並領回押金。由於使用Oyster卡的票價遠比以現金買單程票划算，卡內餘額和押金也都能全數退還，因此就算買來只用一次也划算。

左.牡蠣卡。
右.Travelcard。

★用自動售票機購買Oyster卡步驟

英文介面版

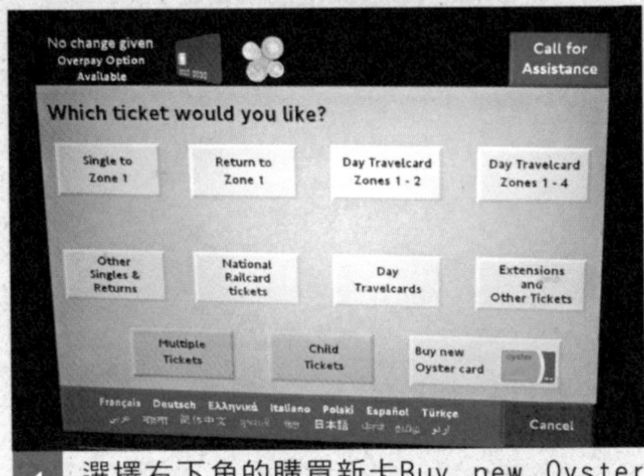

1 選擇右下角的購買新卡Buy new Oyster card。

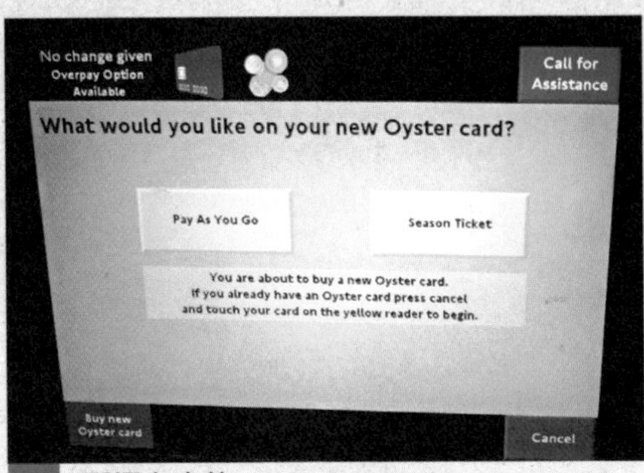

2 選擇左方的pay as you go。

★用自動售票機加值步驟

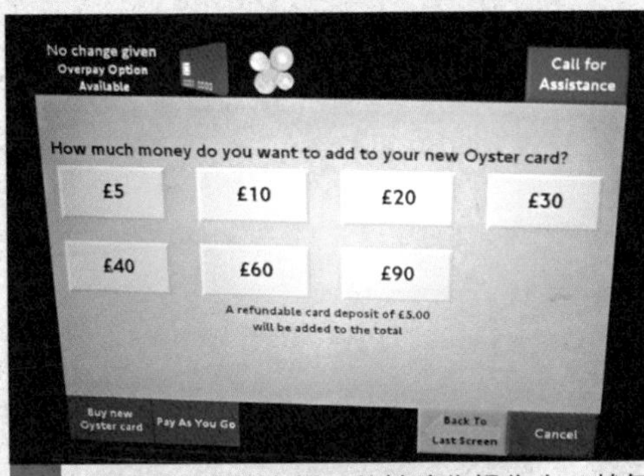

1 選擇要加值的金額。若怕遺失損失大，就每次加值10鎊就好。

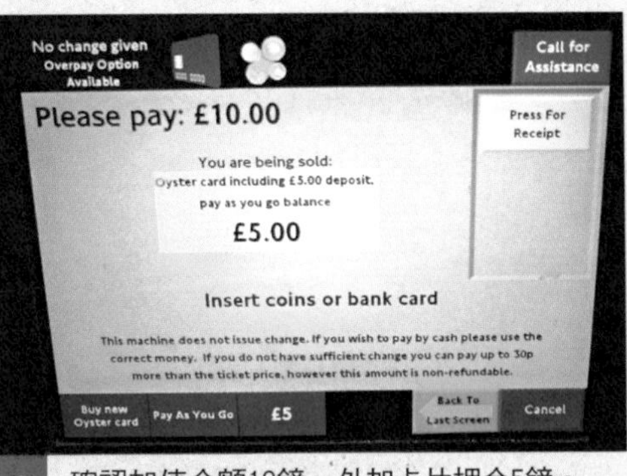

2 確認加值金額10鎊，外加卡片押金5鎊。

3 插入紙鈔或投入硬幣。取出卡片及找零。

4 若是加值，就在插入紙鈔後，把Oyster卡放在感應器上。

Oyster卡雖是搭多少扣多少，但卻有智慧的功能：就算一天內多次搭乘，也會聰明地只扣到一日卡的上限（請見P.75表格），也就是Oyster卡可當一日卡用。另外，Oyster卡一儲值就是好幾十鎊，若擔心萬一弄丟就損失慘重，可上網註冊Oyster卡，萬一弄丟，馬上就能在各大車站櫃台掛失，遺失卡裡的金額也可轉到新買的卡裡，只損失舊卡押金，較有保障。

943省錢妙招

若使用Oyster卡，搭巴士只要上車刷卡即可，下車不必刷出。

搭地鐵或倫敦市內火車，進站和出站時則務必在黃色機器感應。一定要在轉乘不同系統時（例如：倫敦市內火車轉地鐵，地鐵轉DLR，或倫敦市內火車西南線轉東南線），在黃色刷票機上刷進（touch in）和刷出（touch out）。例如：在倫敦市內搭火車轉地鐵時要在火車的進站和出站、地鐵的進站和出站各刷一次，只要一次沒刷到，就會被系統視為逃票而扣8.8鎊，Oyster卡被扣了就得加值超過0鎊才能繼續使用。若不小心搭錯車在出站前停留超過兩小時也會被罰8.8鎊，非常冤枉，一定要注意！

若不小心被罰，要盡快打電話去Oyster卡的服務專線0845-330-9876要求退款，因為卡內只保留最新的幾筆刷票紀錄，電洽後就算對方願意退錢，也需要4個工作天，許多人不會在倫敦待這麼久，非常麻煩，千萬要注意。

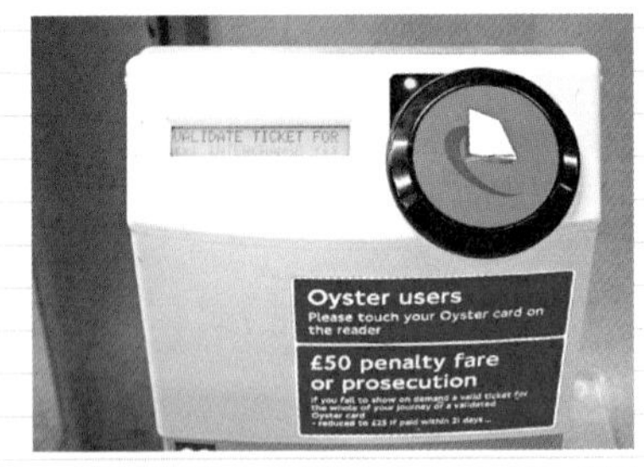

● 注意這種粉紅色或鮮黃色的刷票機，使用Oyster卡轉乘，一定要記得在不同系統的進站和出站各刷一次，否則卡片會被扣8.8鎊罰金，切記切記。

● 倫敦查票查得很勤，一旦查到入站前沒刷卡就要罰50鎊，千萬不要貪小便宜，或迷迷糊糊地因小失大。

3.Travelcard

性質類似台北捷運的一日票，有「一日卡」Day Travelcard或「七日卡」7 Day Travelcard。一日卡是從買票當天到凌晨12點以前，無限次搭乘倫敦市區內的地下鐵、地上鐵、巴士、倫敦市區內的火車。七日卡則是連續七天無限次搭乘，可在車站窗口或自動售票機購得，不用擔心搭錯車或坐過站，相當便利。

其中，一日卡又分為「任何時間都可搭乘」（Day Anytime Travelcard）和「限離峰時間搭乘」（Day Off-Peak Travelcard）兩種，限當天使用。離峰的一日卡必須在當天早上9:30以後才買得到，效期是當天晚上12:00；若要每天買，必須提早去車站買票。

★ 用自動售票機購買Travelcard步驟 中文介面版

1 選擇外語介面。

2 按下中文按鈕。

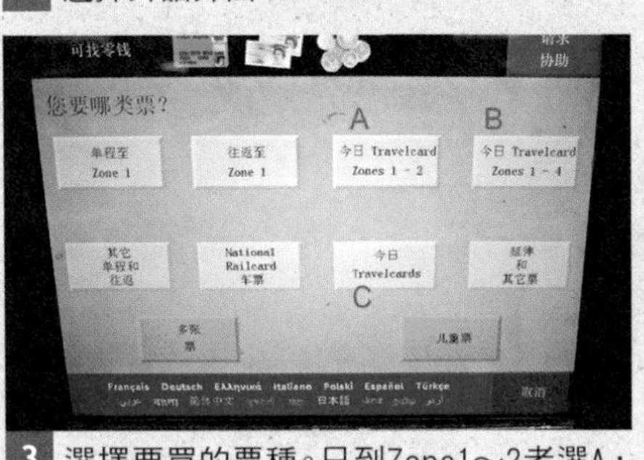

3 選擇要買的票種。只到Zone1～2者選A，Zone1～4選B，其他區域選C。

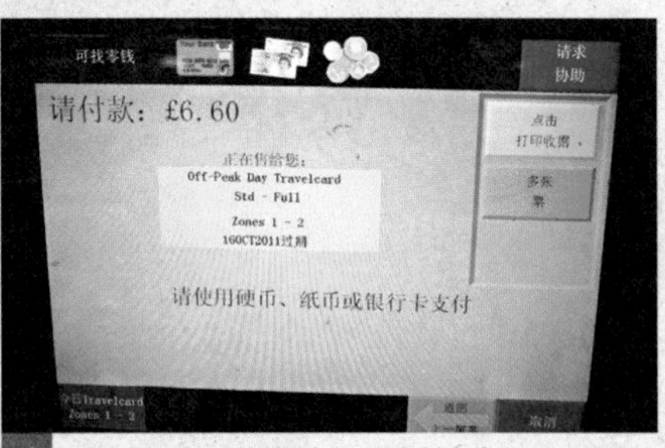

4 看到此畫面，開始插入紙鈔或投入硬幣。取出車票及找零。

買Travelcard的好處

雖然Oyster卡很聰明，若當天搭車扣到Travelcard一日卡金額的上限時就會停止扣款，相當於Travelcard一日卡，但943聽了不少苦主的經驗發現，倫敦許多車站的Oyster卡讀卡機感應不靈敏，有些車站的讀卡機放在極不明顯處，常得跑回去找，或一天內多次上下車時難免忘記，這時買Travelcard可減少心理壓力。

Oyster卡只要一次沒刷到就會扣8.8鎊，反之，使用Travelcard只要在有效期間使用就能安心地到處趴趴走，就算另外買Travelcard也不會造成額外浪費，卻保險得多。況且離峰Travelcard，除了早上尖峰時間6:30～9:30不可用外，下午尖峰時間4:00～7:00卻可用，也就是說travelcard不受下午尖峰時間的限制，而持Oyster卡在下午尖峰時間搭車則會被收取較貴的尖峰價格。

關於Travelcard的其他提醒

Travelcard最好在火車站而非到地鐵站購買，因為在倫敦市內火車站買的Travelcard，提供倫敦著名景點門票買一送一（2 for 1）的優惠，若直接把Travelcard加值到Oyster卡（即把Oyster卡當一日卡用）或在地鐵站買Travelcard，就無法使用2 for 1的優惠，這是倫敦市內鐵路公司獨有的促銷活動。

優惠包括以下門票買一送一，價值十幾二十鎊：聖保羅大教堂、肯辛頓宮、倫敦塔、倫敦眼、哈利波特巴士之旅、倫敦橋體驗、皇家愛樂管弦樂團音樂會、We Will Rock You音樂劇、溫布頓網球賽博物館、福爾摩斯之旅及各種非免費的博物館等。詳細使用方法請至活動官網下載優惠券：www.daysoutguide.co.uk。

用Oyster卡還是Travelcard較省錢？

太多人抱怨搞不清楚該買Oyster卡還是travelcard，因此943依據親身使用經驗幫大家簡單歸納成簡單原則：

- 若每天搭乘地鐵或倫敦市內火車次數少於三次，則使用Oyster卡，搭多少刷多少較划算。
- 若每日搭乘超過三次超過連續六至七天以上，則買travelcard會划算很多。

幾種狀況最省錢的方式：

- 從機場進出的頭尾兩天，除機場交通外，不會再搭倫敦其他交通工具→該日用Oyster卡。
- 從倫敦往返其他城市的頭尾兩天，除到長途巴士站或火車站外，不會再搭倫敦其他交通工具→該日用Oyster卡。
- 若住市中心，或要去之處都步行可達、整天都不必搭車→把要搭車的景點集中在某幾天，用travelcard一次跑完。
- 若住Zone1或Zone2，超過7天的行程都可搭巴士，而不搭地鐵或倫敦市內火車→買巴士七日票搭到飽只要18.8鎊，詳參巴士篇。
- 幾乎都在Zone1-2內移動，只有少數一、兩天去Zone4→用巴士一日票或七日票搭到飽，到Zone4那天用Oyster卡。
- 若住Zone3以外，或要跨3個Zone以上前往郊區→搭地鐵或倫敦市內火車，用Oyster卡，某幾天集中行程用travelcard。

倫敦大眾運輸票價比較

分區 (Zone)		Zone1 only	Zones 1-2	Zones 1-3	Zones 1-4	Zones 1-5	Zones 1-6
地鐵 (現金購票Cash)		£4.3	£4.3	£4.3	£5.3	£5.3	£5.3
Oyster卡 (Oyster pay as you go，類似悠遊卡，搭一趟算一趟)	地鐵 尖峰時間單程 Peak single	£2.0	£2.7	£3.1	£3.6	£4.4	£4.8
	地鐵 離峰時間單程 Off-peak single	£2.0	£2.0	£2.6	£2.6	£2.9	£2.9
	市內火車 尖峰時間單程 Peak single	£2.1	£2.3	£3.0	£3.5	£4.5	£5.5
	市內火車 離峰時間單程 Off-peak single	£1.6	£1.8	£2.1	£2.4	£2.8	£3.4
	巴士單程	不分區域、距離、時間，一律£1.35					
Travelcard 類似一日票 (地鐵、市內火車、巴士搭到飽)	一日卡 任何時間都可搭乘 Day Anytime	£8.4	£8.4	£10.6	£10.6	£15.8	£15.8
	一日卡 限離峰時間搭乘 Day Off-peak	£7.0	£7.0	£7.7	£7.7	£8.5	£8.5
	七日卡(7 Day)	£29.2	£29.2	£34.2	£41.8	£49.8	£53.4
巴士周遊券	巴士一日卡	不分區域、距離、時間，一律£4.2					
	巴士七日卡	不分區域、距離、時間，一律£18.8					

註1：尖峰時間為週一至週五早上6:30～9:30、16:00～19:00，週末及假日整天都是離峰時間。

註2：Zone1是倫敦最中心的區域，絕大多數景點也在Zone1，數字越大越靠城市外圍，票價越貴。但也有單一區域的票價，例如只在Zone4搭車的票價，詳情及最新票價請上倫敦交通網站www.tfl.gov.uk查詢。

- 每天要搭三趟以上交通工具→買travelcard一日卡最划算
- 連續將近七日，每天都搭三趟以上交通工具→買travelcard七日卡（Zone1-4的離峰時段41.8鎊），或連續七天中的行程需要搭21次以上地鐵或倫敦市內火車，而總花費可能超過42鎊者。

倫敦交通省錢攻略總整理

關於倫敦的大眾運輸交通費，除了不花錢的步行和騎單車外，請記住以下原則：票價最便宜是巴士，其次是倫敦市內火車，最貴也最擠、最常罷工的是地鐵。

巴士 

如果住Zone2內，943強烈建議適應力強的旅人考慮跟當地人一樣搭巴士，因為票價便宜得多，又常有空位可坐。

無論在第幾區、搭多遠，不分尖峰離峰，用Oyster卡搭一段單程票一律只要1.35鎊，比用Oyster卡搭地鐵的2鎊或用現金買巴士票的2.3鎊都便宜得多。巴士專用一日票只要4.2鎊，地鐵和倫敦市內火車都可用的Travelcard一日卡則要7鎊左右。巴士七日票只要18.8鎊，比近30鎊的Zone2 travelcard七日票便宜快一

看懂倫敦巴士站牌好簡單！

1. 數字代表巴士路線號碼。
2. 每日行駛。
3. 歡迎輪椅乘客。
4. 週一至週五的時刻表，早上7點以前為固定班次，7點至8點為每10分鐘一班。
5. 週六與受難日時刻表，也有末班車時間。
6. 週日與假日的時刻表。
7. 開往方向（終點站）。
8. 沿線重要車站，白色方格是行駛過的站，黑色實線表示即將抵達的車站。

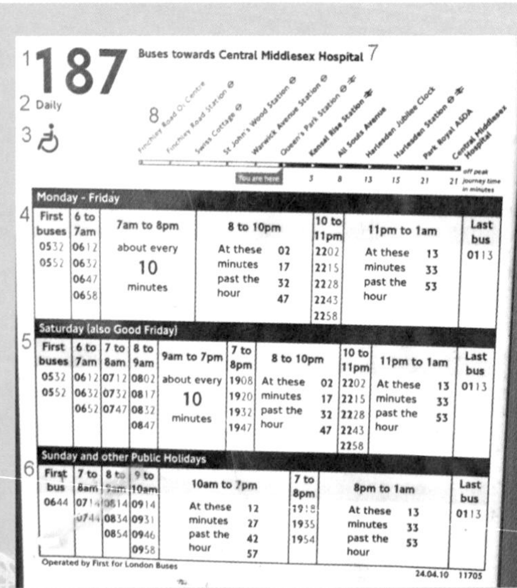

1 **187** Buses towards Central Middlesex Hospital 7

2 Daily

3 ♿

8 Finchley Road O2 Centre / Finchley Road Station / Swiss Cottage / St John's Wood Station / Warwick Avenue Station / Queen's Park Station / Kensal Rise Station / All Souls Avenue / Harlesden Jubilee Clock / Harlesden Station / Park Royal ASDA / Central Middlesex Hospital

You are here — 3 — 8 — 13 — 15 — 21 — 21 off peak journey time in minutes

4 Monday - Friday

First buses	6 to 7am	7am to 8pm	8 to 10pm	10 to 11pm	11pm to 1am	Last bus
0532 0552	0612 0632 0647 0658	about every 10 minutes	At these minutes past the hour 02 17 32 47	2202 2215 2228 2243 2258	At these minutes past the hour 13 33 53	0113

5 Saturday (also Good Friday)

First buses	6 to 7am	7 to 8am	8 to 9am	9am to 7pm	7 to 8pm	8 to 10pm	10 to 11pm	11pm to 1am	Last bus
0532 0552	0612 0632 0652	0712 0732 0747	0802 0817 0832 0847	about every 10 minutes	1908 1920 1932 1947	At these minutes past the hour 02 17 32 47	2202 2215 2228 2243 2258	At these minutes past the hour 13 33 53	0113

6 Sunday and other Public Holidays

First bus	7 to 8am	8 to 9am	9 to 10am	10am to 7pm	7 to 8pm	8pm to 1am	Last bus
0644	0714 0744	0814 0834 0854	0914 0931 0946 0958	At these minutes past the hour 12 27 42 57	1918 1935 1954	At these minutes past the hour 13 33 53	0113

Operated by First for London Buses 24.04.10 11705

半，更何況無法裝設空調的地鐵月台夏季悶熱異常。

有些路段搭巴士較快，例如從Tate Britain搭巴士到查令十字路，可比轉乘數次地鐵快上許多。至於長距離移動，得考慮市中心塞車問題。

倫敦巴士多半得先買好票才能上車，有Oyster卡就刷卡、有travelcard就秀給司機看。路旁偶有專賣巴士票的自動售票機，但比前述兩種票券貴多了。

總之，倫敦巴士的標示牌比台灣清楚許多，非常容易掌握大方向，就算手上沒有地圖也不怕搭錯車，只要Travelcard一卡在手，從再遠的地方也回得了住處。

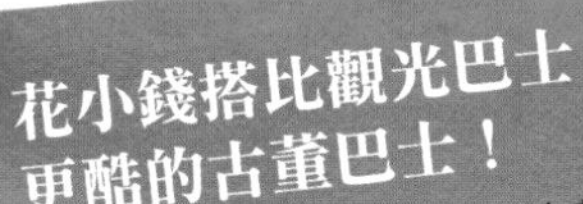

花小錢搭比觀光巴士更酷的古董巴士！

若想搭觀光巴士遊倫敦，建議不必花錢搭觀光巴士，因為倫敦的9路和15路巴士，經過的路線都是倫敦市中心最精華的區域，等於花小錢就能飽覽倫敦精華景點，尤其若花7鎊買Travelcard一日卡，一天內隨時上下任何交通工具都不會有額外的支出，根本不需要花近20鎊搭觀光巴士，可省將近兩倍金錢。況且，倫敦最酷的就是1954年的古董老爺雙層巴士Routemaster重新翻修上路，可比觀光巴士有氣氛多了！倫敦市中心公車班次很頻繁，通常每隔兩、三班就有一台老爺巴士，並不難等，值得一搭。

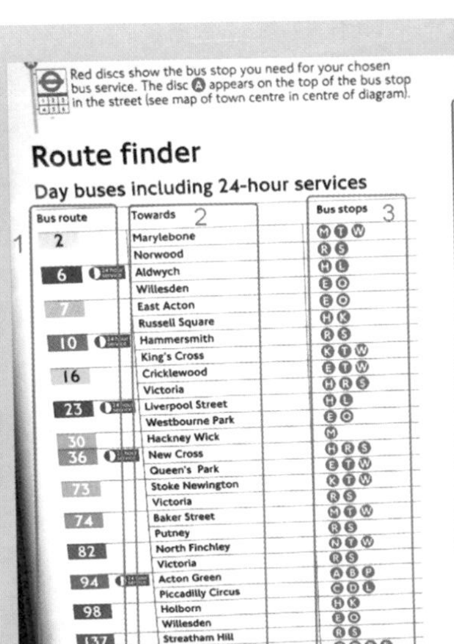

Red discs show the bus stop you need for your chosen bus service. The disc A appears on the top of the bus stop in the street (see map of town centre in centre of diagram).

Route finder

Day buses including 24-hour services

Bus route 1	Towards 2	Bus stops 3
2	Marylebone	M T W
	Norwood	R S
6	Aldwych	H L
	Willesden	E O
7	East Acton	E O
	Russell Square	H K
10	Hammersmith	R S
	King's Cross	K T W
16	Cricklewood	E T W
	Victoria	H R S
23	Liverpool Street	H L
	Westbourne Park	E O
30	Hackney Wick	M
36	New Cross	H R S
	Queen's Park	E T W
73	Stoke Newington	K T W
	Victoria	R S
74	Baker Street	M T W
	Putney	R S
82	North Finchley	N T W
	Victoria	R S
94	Acton Green	A B P
	Piccadilly Circus	C D L
98	Holborn	H K
	Willesden	E O
137	Streatham Hill	R S
148	Camberwell Green	C D R S
	White City	A B T W

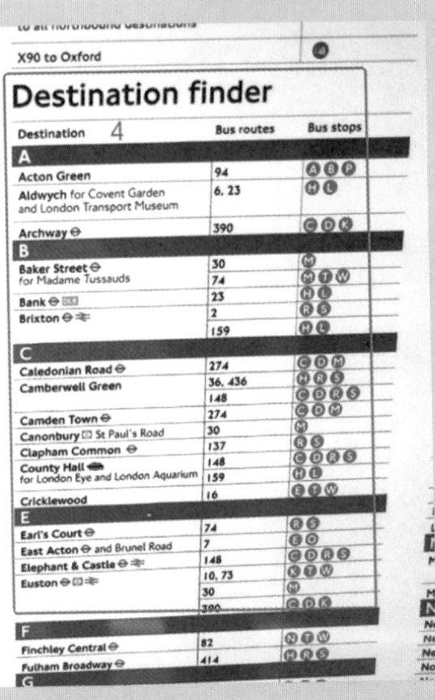

X90 to Oxford

Destination finder

Destination 4	Bus routes	Bus stops
A		
Acton Green	94	A B P
Aldwych for Covent Garden and London Transport Museum	6, 23	H L
Archway	390	C D K
B		
Baker Street for Madame Tussauds	30	M
	74	M T W
Bank	23	H L
Brixton	2	R S
	159	H L
C		
Caledonian Road	274	C D M
Camberwell Green	36, 436	H R S
	148	C D R S
Camden Town	274	C D M
Canonbury St Paul's Road	30	M
Clapham Common	137	R S
County Hall for London Eye and London Aquarium	148	C D R S
	159	H L
Cricklewood	16	E T W
E		
Earl's Court	74	R S
East Acton and Brunel Road	7	E O
Elephant & Castle	148	C D R S
Euston	10, 73	K T W
	30	M
	390	C D K
F		
Finchley Central	82	N T W
Fulham Broadway	414	H R S
G		

看懂倫敦巴士路線圖並不難！

1.巴士路線編號，其中有些班次是24小時行駛。2.前往方向。3.巴士站編號（對照旁邊的地圖就可知道某一號巴士站牌的具體位置）。4.重要站名的字母順序索引，還貼心地標示可轉乘地鐵或市內火車的車站。

倫敦市內火車

如同大台北地區的樹林、板橋、八堵等地居民搭通勤火車到台北市區，大倫敦地區的市內火車也像捷運一樣方便，車程30分鐘內就可抵達倫敦市中心的Waterloo站或Victoria等站。倫敦人甚至認為火車是比地鐵還舒適的交通工具，因為票價比地鐵便宜，即使剛過尖峰時間，也幾乎都有空位可坐。很多居民寧可住在Zone4，搭火車通勤，因為距離市中心較遠，環境和居住品質較佳。只要算準時間搭乘，其實頗為便利，可參考英國鐵路官網www.nationalrail.co.uk。

943在前面提過倫敦最便宜的大眾運輸工具是巴士，但若住Zone 4的民宿或租屋，搭巴士從Zone4晃到Zone1實在太久，還是搭倫敦市內火車比較划算，當地居民也多半搭火車。刷Oyster卡從Zone4到Zone1的離峰時間單程票價為2.4鎊，從Zone 4到倫敦市中心的離峰時間一日卡（Day Off-Peak Travelcard）是7.7鎊。很多便宜的住宿地點都在倫敦市內火車可達的Zone4。

搭到最靠近的火車站再走路較省錢

因為若無轉乘地鐵，用Oyster卡搭火車到最近的火車站，單程費用只有2.4鎊，若繼續在Zone1轉乘地鐵就要多花約1.2鎊。

人類步行速度大約10分鐘可走500至750公尺，很多地圖上看似有段距離的景點，其實都步行可達。例如：943從倫敦東南邊Zone4區想到金融區Bank站周邊，其實搭倫敦市內火車東南線從Cannon Street站下車，步行幾分鐘就可到英格蘭銀行博物館等地，不必轉搭地鐵到Bank地鐵站，現省1鎊多，可以多買一個超市披薩了。

倫敦市內火車路線圖和書上常見的地鐵路線圖不同

抵達倫敦後，一定要在大車站的旅遊資訊架上拿倫敦火車路線圖，或先上前面介紹過的tfl網站規劃最佳路線，或者請各大車站諮詢服務台人員幫忙查詢最快的轉乘路線。倫敦市內火車約15～30分鐘一班，最好在大站索取時刻表，或上網查詢發車時刻，算好時間入月台搭車，以免枯等。

搭火車的另一個好處是，若誤點超過三十分鐘，可向櫃台要求退費！

如何搭倫敦火車

1.看好班次

事先上網查好火車時刻，也可以在火車站索取時刻表，或在火車站大廳電子時刻表看好要前往的車站、方向及月台。

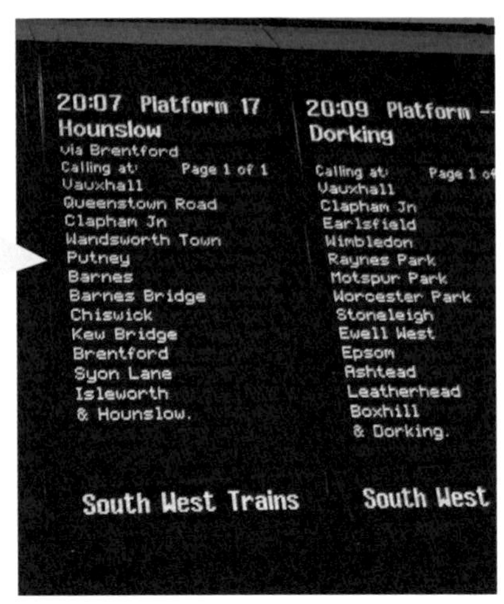

2.刷票進入月台

進入月台後，最重要的事情就是確認跑馬燈看板。由於倫敦火車路線複雜，同一個月台會有好多不同路線的火車停靠，因此一定要注意看月台上即將入站的火車班次，確認顯示停靠站名單有即將前往的車站站名才可以搭乘，否則晚上搭錯車得等半個鐘頭以上，才有下一班車可坐回來；若超過兩小時沒出站，Oyster卡會扣8.8鎊。

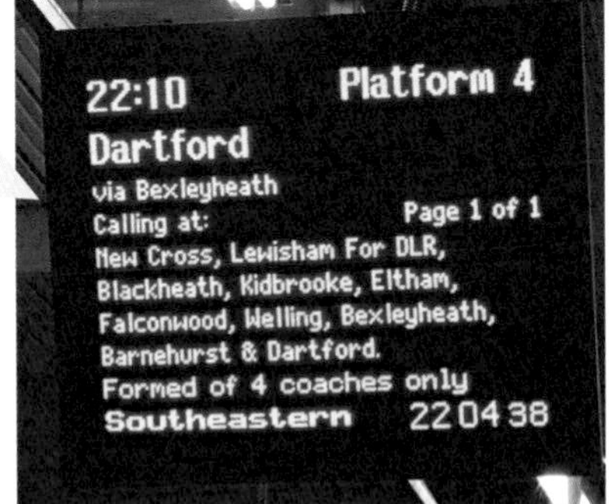

3.按鈕開啟車廂門，上車後確認靠站資訊

在車廂裡挑個可以看到跑馬燈資訊的位子坐下，留意即將抵達的車站。下車也是按鈕開啟車廂門。

地鐵

VICTORIA

雖然倫敦地鐵的票價貴、座位小又少、月台沒空調、又常常罷工，但地鐵的好處是班次間距短，平均每3分鐘就有一班車。若在倫敦停留長達一週，買週票會比買單程票或一日卡還划算許多。

倫敦的地鐵

倫敦的地鐵已有百年歷史，不像台北、高雄捷運採用改良過的中島式月台，而是必須依指標走對方向，才能抵達正確月台，萬一走錯月台或搭錯方向，可得繞一大圈。

943省錢妙招

倫敦地鐵不像台北、高雄捷運都有附設洗手間，車站就算有也大多要收費。
寄放行李多半是8鎊起跳，最好找鄰近可免費寄物的博物館、美術館等寄放。

單車

若打算長期旅居倫敦，買台二手單車十分划算，最便宜的方式是上網買，回國前賣掉。

但是，在英國騎車，裝備務必齊全：騎單車必備機車防水手套，否則冬天會凍到抓不住把手。外套不但要防風防雨，還要能遮臉，才能抵擋英國令人冷到骨子裡的寒風。此外，943建議一定要準備單車燈及單車鎖，從台灣帶過去最便宜，在英國買很貴。反光安全背心很重要，要讓馬路上所有的駕駛看得見你。

一般而言，英國騎車比在台灣騎車安全，因為機車少。但英國人開車車速頗快，要小心。倫敦市中心則騎車要小心，因為車道窄，車輛卻川流不息。

如何搭倫敦地鐵

1.地鐵站入口。

2.買票或加值。

4.前往月台。

3.刷票進入閘口。

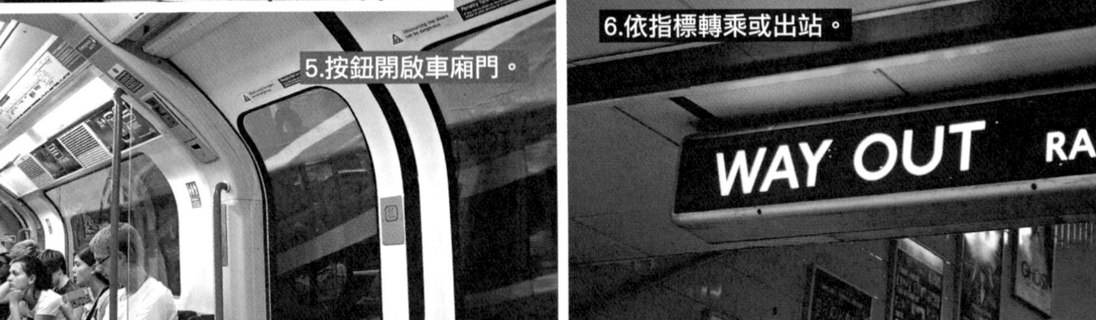

5.按鈕開啟車廂門。

6.依指標轉乘或出站。

從倫敦前往其他城市的便宜方法

火車

英國火車費用居高不下，也比巴士貴三分之一，但車程較短，旅途也較舒適，仍是很多人考慮的選項，以下幾點是買火車票時可參考的省錢訣竅：

1 找預購折扣票

英國的火車公司常在出發前一到三個月不定期釋出預購折扣票，也就是稱為advance ticket的火車票，價格通常十分便宜，例如倫敦到布萊頓來回只要7鎊。原則上是越早買越便宜，但是最便宜的價格卻不一定最早出現，缺點是必須三不五時上網查詢才能發現。這類票一張一張分開訂較便宜。刷卡買票的信用卡要隨身攜帶，有時查票需出示當初刷卡買票的信用卡。若改期或退換票也需手續費。

2 辦Network Railcard

英國東南部火車路線網推出效期一年的Network Railcard，花25鎊購買此卡能讓離峰時間火車費省下三分之一，連倫敦地鐵的一日券也有折扣，若從倫敦出發往返英國東南邊三個城市就能回本。建議最好根據自己的行程次數估算是否值得花25鎊買卡。離峰時間為早上9點以後及晚上7點以後的班次。

3 辦英國火車青年卡Young Person's Card

26歲以下青年，或在英國唸書的全職學生，若常搭火車，可考慮辦張Young Person's Card，效期一年，辦卡費用28鎊，搭英國火車和地鐵可打7折，但查票時也得出示這張卡。

除了在英國唸書的學生可向學校登記，申請一些學生交通折扣卡以外，若年紀在16歲到25歲，可考慮這個省錢方法：英國政府為鼓勵青年旅行，推出26歲以下年輕人專用的青年火車卡Young Person's Card。

申請方法很簡單，只要帶護照或英國學生證及證件、大頭照到各大火車站購買，當場領取，效期一年。以後出示此證購買英國境內火車都有7折優惠，甚至還能請各大車站窗口服務人員把青年火車卡優惠資格存入Oyster卡裡，以後只要持這張優惠的Oyster卡搭倫敦市內的火車和地鐵都能便宜三分之一價格，還能用7折價買Travelcard，最低可折價至5鎊，對遊學、旅居英國的人來說是一大利多。

巴士 

Megabus

儘管倫敦是世界上物價最高的城市之一，但如同「1元手機」的逆勢行銷，高物價的英國也物極必反地出現「1鎊巴士」。只要在出發日前一、兩個月訂票，就有可能訂到只有1英鎊的巴士票。這家巴士公司在短短幾年內就已將路線拓展到全英各大都市，幾乎都是以倫敦為輻射點，無論車程幾小時，只要手腳夠快，從倫敦到最遠的愛丁堡，車資也只要1英鎊。

倫敦到愛丁堡相當於跑一趟台北到高雄再繞回台中的距離。台北到台中約2小時車程、票價約200元台幣，同樣的距離，在物價高昂的英國卻只要大約台幣50元，非常神奇。從倫敦到愛丁堡，比從台北市搭捷運到淡水還便宜，聽起來像天方夜譚。

1鎊巴士的運作原理和廉價航空類似：越早訂票越便宜。因此只要及早訂票，以10鎊的交通費遊遍全英各大都市並不難。訂票網站接受各種信用卡，無論訂

票張數，每次訂票都只收取0.5鎊的訂票手續費。訂票完成後，只要把訂位紀錄列印出來，上車時給司機核對一下訂位號碼即可。上車地點通常在交通方便或大學校園附近的公車站，倫敦的上下車站在維多利亞長途客運站（Victoria Coach Station），網站上有各停點的位置圖。缺點是不能退票，也無法改期。但看在便宜的份上，只要及早訂到1鎊車票，頂多損失50元而已。

Megabus這家1鎊巴士，943在英國和美國都搭過好幾次，原本還擔心是否破到車頂漏水或服務不佳，但品質還不差。同樣2小時的車程，班次較多的National Express可是要價單趟15鎊，足足多了15倍。這麼便宜的巴士不坐實在對不起自己，坐上台幣不到50元的英國長途巴士，在車上想不偷笑都很難。

此外，倫敦到蘇格蘭格拉斯哥的長途路線最近率先推出臥舖巴士，車上有洗手間，臥舖座位有個人隱私空間，提供枕頭、羽毛被、毛毯、閱讀燈、點心、包裝水和類似飛機的過夜包，例如：牙刷、牙膏、眼罩、行李標籤，還有無線網路WIFI。

Megabus旗下現在也有火車，只花1英鎊即可到達倫敦近郊城市，十分划算。雖然訂Megabus的火車沒有實體車票，只有購票號碼，但不必擔心沒有實體車票便無法刷票進月台，只要找到看守月台入口的查票員，出示電子購票號碼，就能通過。

★申辦英國火車青年卡網站：

www.16-25railcard.co.uk。

★英國鐵路官網

www.nationalrail.co.uk

★訂英國火車票參考網站

www.thetrainline.com

★Megabus網站

www.megabus.com

★National Express網站

www.nationalexpress.com/coach/index.cfm

943省錢妙招

一次訂一張票才能有funfare的優惠，會比一次訂好幾人或好幾張還便宜。

要注意的是，並非所有停在月台上的車廂都是營運中，有時只有前幾節車廂會出發，所以最好先確認車廂內的跑馬燈是否有service的燈亮著，向乘務員或同車乘客確認也可以。

訂Megabus不為人知的小祕訣：很少人發現，Megabus週末時的票價比平日貴！別在週末上網訂票，因為到了週一，票價又會降回來了。

National Express

英國最大也最悠久的巴士公司，類似台灣的國光號，路線最多也最廣，近年由於Megabus的競價，逼得他們不得不推出1鎊車票應戰，讓乘客樂得撿便宜。National Express網站有way to save或funfare的連結，可找到部分路線的便宜車票。

National Express也發行了16至26歲青年專用的折扣卡Young Persons Coachcard，優惠價10鎊，約是一般票價的三分之一，長期旅居英國又常往來各城市的年輕人，不妨考慮辦一張。

Souvenir Guide
Become a member

遊倫敦不必花錢

倫敦，最好的統統都免費！

在倫敦旅行，有人花大錢才能吃飽喝足，但事實上，只要掌握免費資源的訊息，便能不花半毛錢欣賞到這個日不落國首都最精華的內涵。

倫敦是個擁有高度公共資源的城市，跟著倫敦人一起享受市中心大得嚇人的綠地、多到令人不知從何看起的博物館、美術館和藝文活動，許多驚豔趣味好店，全都免費逛！以下是943精選倫敦最值得一逛的各種免費景點，越有名的越不花錢！

Natural History Museum照片提供。

 倫敦10大免費必拍必逛重點

 1.看白金漢宮衛兵交接

白金漢宮Buckingham Palace是英國女王伊莉莎白二世居住的宮殿，這座建於1703年的建築起初並非王宮，而是白金漢公爵的宅第，後來由喬治四世改建為宮殿，並於1837年由維多利亞女王敲定遷入，自此成為英國王室在倫敦的皇宮。皇宮的宴會廳State Room平常可開放參觀，但門票要價10餘鎊，拍攝主題也不如黑帽紅衣禁衛軍經典，建議看免錢的衛兵交接最好。

白金漢宮的衛兵交接時間在早上11點半，建議最好提早一小時到現場卡位，因為會在王宮前面佔位的大多不是彬彬有禮的英國人，而是來自全球各地的觀光客。卡位也要卡對位置，943建議站在欄杆前面而不是大門前，站在門前會被維持秩序的警察趕到欄杆後方。最佳拍攝位置在皇宮正門旁欄杆第一排和面對皇宮大門的紀念碑圓環，這兩個角度可拍到禁衛軍表演完後，從皇宮走出來的側邊及正面。

衛兵交接只在夏季每日舉行，建議先上英國王室官網查詢交接舉行日期。正式開始的時間是早上11:30，但11:20會有灰色制服的軍樂隊開道，從Spur Road的方向過來，接著是黑帽紅衣的禁衛軍，從正門進入皇宮大門內的廣場，演奏數首樂曲後，12:10開正門離去。

● 從Victoria站步行10餘分鐘即可走到白金漢宮。交接表演的日期請上英國皇室官方網站查詢：www.royal.gov.uk/Home.aspx。

● 唐寧街旁不遠就是禁衛軍總部，有騎馬站崗的禁衛軍可以拍照留念。

2.逛國會大廈周邊

國會大廈House of Parliament

國會大廈原本是11世紀至16世紀英國王室的居所，14世紀後，英國宮內會議就常在此舉行。1512年不幸遭祝融之災後，皇室遷離，此處從此成為議會所在；1834年再次付之一炬後，花了30年重建，才有今日呈現在世人面前的樣貌。1970年後，成為世界文化遺產之一。

英國的議會民主政治在此已發展了數百年。議會期間，可以免費旁聽國會議員們討論國家大事時的唇槍舌劍（但其實頗含蓄，不會出現厲聲喝止甚至動粗那樣激烈的場面），導覽則要付費，而想旁聽議會的外國人必須排隊才能遞補未被英國國民預約的旁聽席空位。

國會會期及旁聽細節請上國會大廈網站查詢：www.parliament.uk。

英國相當著名的地標Big Ben，也是國會大廈建築的一部分。這座被戲稱為「大笨鐘」的鐘塔興建於1858年，高約96公尺，大鐘重達13公噸，至今仍可報時。從地鐵Circle Line的Westminster站出來，不久就能見到佇立河岸邊的大鵬鐘，沿著一旁的西敏橋行走，也可以拍到不少美麗的風景照。

一窺首相官邸～唐寧街10號DOWNING STREET

著名的唐寧街10號即是英國首相官邸，英國前首相柴契爾夫人、布萊爾及現任首相卡麥隆都曾居住於此。1732年由喬治二世封賜給當時的財政大臣，後來成為首相官邸。隔鄰的十一號也是財政首長官邸，十二號則是辦公室。90年代後，由於安全因素加裝柵欄，遊客只能在柵欄及重重警備外，一窺首相官邸的樣貌。

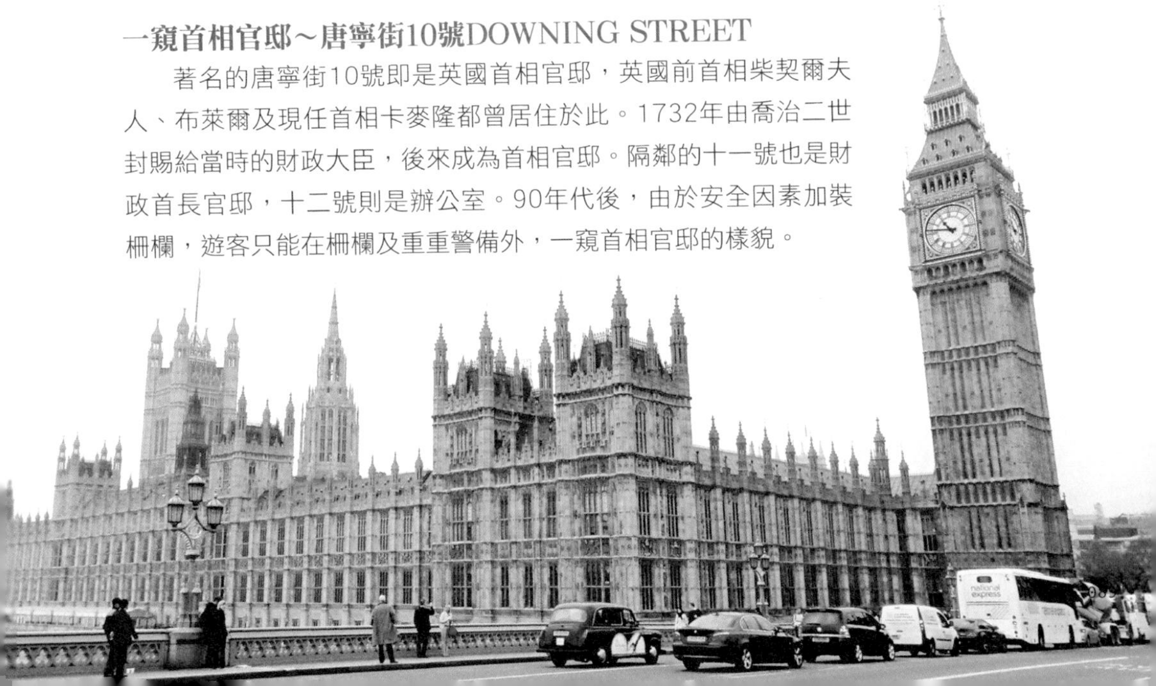

倫敦眼 London Eye

倫敦眼是英國航空為千禧年而建的摩天輪，佇立於泰晤士河南岸，高達135公尺。若要上去拍照是要花10幾鎊的，但是遠眺拍照，卻不用花半毛錢。若想登高望遠，請參見聖保羅大教堂一節中～943不花錢俯瞰倫敦的訣竅。

3.漫步泰晤士河南岸 South Bank

夏天時，南岸是英國人最愛約會和全家大小出遊的地方，只要從滑鐵盧Waterloo車站或倫敦橋London Bridge車站出來，循人潮走泰晤士河步道Thame Path可到南岸。步道南起西敏橋Westminster Bridge，一路往北走，途經莎士比亞環型劇場Shakespeare's Globe，還可走千禧橋Millennium Bridge到對岸的聖保羅大教堂，更可順便逛美食市集Borough Market。

千禧橋

這裡也是哈利波特系列電影第六集「混血王子的背叛」中的拍攝場景。此處非常適合天氣好時來走走，很休閒也很愜意，是倫敦人假日消磨時間之處。由於南岸藝術中心是倫敦著名的藝術大本營，國家劇院National Theatre、國家電影院National Film Theatre及許多音樂廳都集中於此。河岸邊有不少餐廳及表演場地，尤其夏季假日常有露天免費表演。

泰特現代美術館 Tate Modern

前方偶有露天音樂表演，水準相當高。晚上在Waterloo橋上或西敏橋Westminster Bridge看夜景滿美的，不過天黑以後可別獨自跑到河邊，視線很暗，容易發生危險。

看倫敦塔橋Tower Bridge起降

啟用於1894年的倫敦塔橋是英國重工業經濟下的產物，當時許多大小船隻每天往返於泰晤士河，橋墩高度必須高於40多公尺，還得自由起降，因此塔橋設計利用液壓來升降。現在，倫敦塔橋成了泰晤士河上的重要地標，進入塔橋博物館的門票要將近10英鎊，但在美麗的河岸邊看塔橋起降卻完全免費，還能一邊看一邊唱〈倫敦鐵橋垮下來〉的兒歌，回味無窮。

起降時間表可上網查詢：www.towerbridge.org.uk/TBE/EN/BridgeLiftTimes。

4.參觀博物館

到倫敦沒參觀博物館，那真是白來這個城市了！曾經是日不落國的英國，把全世界最精華的文物都集中整理，還免費開放參觀，要是錯過這個千載難逢的機會，以後得花錢到世界各國才能親眼目睹這些美好的珍寶，非常可惜。尤其**大英博物館和肯辛頓區三大博物館（V&A、自然史、科學博物館）**很值得一看，不可錯過。

FREE

5.參觀美術館

入寶山豈可空手而回？全歐洲最棒的藝術品，不是在羅浮宮就是在倫敦了！特別推薦**國家藝廊、華萊斯典藏館、泰特現代美術館、桑摩塞館**。

6.逛倫敦公園（詳見P.96公園篇）

可別以為公園沒什麼好逛的，倫敦可是全世界擁有最廣大綠地的城市，到了倫敦市中心的海德公園，欣賞這片有湖、有河、有山丘的綠地，才能體會台北的大安森林公園要成為真正的森林，至少還要幾十年；然而，英國人經由上一代的努力，已經營造出讓後人乘涼的世外桃源了。

7.體驗繁華倫敦

英國曾是19世紀最強盛的日不落國，從它蓬勃發展的商業與文創產業，仍可一窺昔日的輝煌。攝政街、牛津街、龐德街不只是購物血拚的好地方，這些名店重鎮也是了解英國的絕佳方式，不單是看商店，也是觀賞倫敦城市心臟地區與倫敦人。就像要了解台北一定得逛逛忠孝東路，看看街上的人如何穿著打扮一樣。

攝政街

許多介紹倫敦的外國攝影雜誌，都會來上一張攝政街雄偉環狀建築的特寫，事實上，攝政街是倫敦最早期的都市規劃之一，也見證了19世紀大英帝國的風華。若時間有限，可以只逛最精華的攝政街或都鐸式建築的Liberty百貨，尤其是聖誕節前後的聖誕燈飾，非常美麗。

牛津街

牛津街是倫敦最長的購物商店街，從西端起點到東端有2公里多。其實不一定得逛完整條街，可以挑幾個百貨公司如：John Lewis、Selfridges等百貨逛逛。

新舊龐德街

若對櫥窗設計非常有興趣，除攝政街外，龐德街是一定要朝聖的所在，這裡的櫥窗設計一間比一間有創意，簡直快晉升「街頭美術館」的等級！這條街有許多藝廊，同時也是可以免費參觀的小型藝術中心。可以不花半毛錢，在這條街上體會英國上流社會的貴氣，例如：街上的HSBC銀行替等候顧客提供的可不是茶水，而是免費又好喝的咖啡呢！

8.逛倫敦高級住宅區、漫步倫敦大學城及尋訪名人故居

走在倫敦街道，沿路欣賞兩旁美輪美奐的歷史建築，是一件賞心悅目的事。這些建築多半建於18、19世紀，至今仍保存得十分美麗。尤其是黛安娜王妃故居「肯辛頓宮」附近的高級住宅區Chelsea，以及使館區如Palace Avenue，還有靠近Victoria火車站的Belgravia區，建議在經過時順便繞過去走走。

欣賞英國住宅建築的重點，請參閱〈倫敦超省住宿〉介紹。

布倫斯貝利Bloomsbury區是倫敦著名的大學城，倫敦大學系統中的幾所知名學府都坐落於此，例如：倫敦大學學院（UCL）、國王學院（King's College）及亞非學院（SOAS），再加上舉足輕重的英國政經學院（LSE）及大英博物館，這些重量級機構使得布倫斯貝利成了倫敦最知性的一區。

此區濃厚的學術氣息，不但是電影「全面啟動」的取景處，更在上個世紀就吸引許多文學家、哲人與思想家到此長住，例如：科學家達爾文（故居在Gower Street 110號）、詩人艾略特（Russell Square 24號）、哲學家羅素、小說家赫胥黎及女性主義先驅吳爾芙等人，尤其，Gordon Square街46號曾住過吳爾芙及經濟學家凱恩斯。漫步在幽靜的街道上，有時不經意地抬頭，就能發現建築上標示著某某名人曾居住於此的藍色圓形標誌。名人光環、古樸建築與迎面而來的青年大學生，造就了這個區域的特殊氣質。街角的小咖啡店、小教堂，巷子裡的特色書店和迷你廣場，甚至大學校區對外開放的用餐吧，都是旅遊書上找不到的小小驚喜。

9.逛倫敦的有趣車站

哈利波特9又3/4月台

除了以柏靈頓熊著稱的帕丁頓車站外，全英國最有名的車站應該就是國王十字車站（King's Cross）了，因為這個車站是風潮席捲全世界的「哈利波特」電影拍攝所在地，也就是神奇的「九又四分之三月台」。

為了不使2012奧運的觀光人潮影響月台進出，倫敦當局將這個月台移到車站外的Euston Road上，不過拍起來還是很有fu，無論大人、小孩，都可來此拍張推著手推車的紀念照。

若搭歐洲之星經過此站，可順便造訪大英圖書館。國王十字車站對面Euston Road的中東雜貨店及附近店家都有賣一籃1鎊的便宜水果，不過晚上周邊的治安不好，入夜後建議別靠近此區。

貝克街Baker Street地鐵站

這個車站也是福爾摩斯迷必訪的重點，若想拍與福爾摩斯有關的紀念照，不一定得花錢進入貝克街站附近的福爾摩斯博物館，車站外就有福爾摩斯雕像可拍，不必花半毛錢！不但如此，就連貝克街車站內的瓷磚也以福爾摩斯剪影為主題。若回程搭easyBus到機場，easyBus車站就在貝克街站旁，可考慮臨走前順便來此拍紀念照。

查令十字地鐵站 Charing Cross station

這個地鐵站與一般倫敦車站的不同之處，在於月台上相當具有特色的壁畫，過去還曾出現達文西等知名畫家的作品，有時是中世紀的版畫主題。整個月台就像一個小型的美術館，值得一拍。若想到唐人街、柯芬園逛逛、到萊斯特廣場看音樂劇，或對有「倫敦書街」之稱的查令十字路有興趣，在此站下車後，步行10分鐘即可抵達。

看街頭藝人表演

倫敦車站內等公眾休憩場所，隨處可見水準不低的街頭藝人表演，舉凡各廣場、公園，甚至市集都有演出，尤其是地鐵站，室內、室外都有街頭藝人表演。這些演出可不是單調的裝扮假人或小雜耍，有些是出神入化的魔術，有些則是演奏技巧極高的室內樂組合，常常吸引大批遊客圍觀，一聽數小時也不厭倦。

10.逛倫敦最潮亮點

位於倫敦奧運重鎮東倫敦的Westfield購物中心，和2011年在唐人街才風光問世的M&M′S World巧克力城，絕對是令倫敦繼續引領風潮的一大重點！想體驗倫敦繁華風情，更不能錯過倫敦未來的魅力所在，請見後面〈倫敦購物高貴不貴〉的詳細介紹。

倫敦人休閒最愛～6大免費公園、花園、廣場

倫敦人假日最喜歡步行到鄰近的大公園，野餐、聊天、閱讀、玩球……無須開車逃離城市，無須花錢到咖啡店，只要帶點小蛋糕、小西點，也能與家人及朋友度過悠閒的午後。

在世上許多繁華的大都市中，倫敦人可說是非常幸福的一群，因為市中心就有一個比一個大、又規劃良善的公園可供休憩，不像台北人想賞花非得往陽明山擠不可，倫敦這些佔地遼闊的綠地同時也是都市之肺，讓倫敦市民得以在水泥叢林中享有寬廣的生活空間及新鮮的空氣。

1.海德公園 Hyde Park

海德公園是全倫敦最大的城市綠地，也是全世界最大的公園之一，總面積約142萬平方公尺，相當於6座大安森林公園。有多達400種樹木，是倫敦人近在咫尺的休閒好去處。許多第一次走進海德公園的人，看到這個位在市中心卻相當廣闊的綠地，莫不為之震驚，並不由得羨慕起倫敦人。公園裡放眼所及盡是當地人扶老攜幼在此野餐、騎車、溜直排輪，甚至在湖裡划船，非常愜意。

公園裡最有名的就是紀念維多利亞女王夫婿的艾伯特塔、黛妃紀念噴泉（Diana Memorial Fountain）和「演說者角落」（Speaker's Corner），在這可聽倫敦人自由發表各式言論，也是議會政治百年老店的英國於民主高度發展的象徵之一。

2.綠園 Green Park

綠園的位置在白金漢宮旁，緊臨海德公園與聖詹姆斯公園，建於1667年，是陪伴倫敦人將近400年的老公園了。雖然不像鄰近的公園有大湖小河，但古木參天、碧草如茵的綠園卻散發著寧靜的氛圍。若想在此享受日光浴，請自備野餐墊，因為草地上閒置的躺椅可是腦筋動得快的生意人用來賺錢的！

3.聖詹姆斯公園 St. James's Park

聖詹姆斯公園就在白金漢宮的正對面，被喻為倫敦皇家公園中景致最美、歷史最悠久的一座公園。在成為公園之前，此處原本有間聖詹姆斯醫院，也就是這座公園名稱的由來，在亨利八世購地整理後，由建築師約翰納許設計為美麗的園地。這裡的湖泊有垂柳及成群水鴨，呈現較為秀麗的風貌，夏日時分也常有露天音樂會，是相當受到倫敦居民喜愛的公共綠地。

4.肯辛頓花園 Kensington Gardens

肯辛頓花園原本是海德公園的一部分，1689年威廉三世買下這塊土地後，由於喜歡此地的優美環境，因此把一部分土地獨立出來，建了諾丁罕大宅，也就是今天的肯辛頓宮，而碧草如茵的肯辛頓花園也成了皇家御用花園，直到1841年才對公眾開放。

最受遊客喜愛的是黛安娜王妃生前居住的肯辛頓宮，1689年開始成為王室居所，維多利亞女王的出生地也是此處。

FREE 5.攝政公園 Regent's Park

1811年由攝政王興建，做為夏日行宮的綠地，1845年後對外開放，和聖詹姆斯公園一樣，都是由建築師約翰納許設計。夏日時百花盛開，爭奇鬥豔，還有各種禽鳥在水池中戲水，附近有華萊士典藏館，可順道走走，優雅的環境更曾吸引著名文學家狄更斯入住。公園中的露天劇場，每到夏日就有免費的戲劇及音樂表演，提供市民免費欣賞，是倫敦居民最愛的休憩場所之一。

6大免費公園、花園、廣場資訊

1.海德公園 Hyde Park（見map A3）

【地鐵站】Marble Arch、Hyde Park Corner、Knightsbridge、Queensway

【開放時間】5:00-24:00

【網址】www.royalparks.gov.uk/hyde-park.aspx

2.綠園 Green Park（見map C4）

【地鐵站】Green Park、Hyde Park Corner

【開放時間】全天開放

【網址】www.royalparks.gov.uk/Green-Park.aspx

3.聖詹姆斯公園 St. James's Park（見map D5）

【地鐵站】St. James's Park、Charing Cross

【開放時間】5:00-24:00

【網址】www.royalparks.gov.uk/St-Jamess-Park.aspx

4.肯辛頓花園 Kensington Gardens

【地鐵站】Lancaster Gate、High Street Kensington、Knightsbridge、Queensway

【開放時間】6:00至日落

【網址】www.royalparks.gov.uk/Kensington-Gardens.aspx

5.攝政公園 Regent's Park

【地鐵站】Regents Park、Great Portland Street、Baker Street

【開放時間】5:00至日落

【網址】www.royalparks.gov.uk/The-Regents-Park.aspx

6.特拉法加廣場 Trafalgar Square（見map E3）

【地鐵站】Charing Cross

特拉法加廣場有處中文旅遊書不曾提及的亮點，那就是廣場邊緣西南角有個全英國最小的派出所。由於19世紀工業興起時代常有工會在此集結抗議遊行，英國警方於是在此蓋了個僅容旋身的小房間，以便就近監控。很多遊客就坐在一旁的欄杆上，卻不知道這個小亭子其實是個警察局。

6.特拉法加廣場 Trafalgar Square

為紀念1805年成功擊退拿破崙法西聯軍入侵英國的特拉法加之役，而興建於1841年。廣場中央的高聳圓柱及底下四隻石獅雕像，也是為了紀念在戰爭中不幸為國捐軀的尼爾森將軍所建。

此處常有街頭藝人表演，偶爾也有大型免費活動，廣場禁止餵食鴿子。廣場上還有奧運倒數的公佈欄及免費洗手間，北面則是免費開放的國家藝廊，隔鄰還有幾乎每天都有免費音樂會的聖馬田教堂，查令十字站也近在咫尺，想要造訪唐人街、柯芬園、萊斯特廣場，不妨順便經過這裡逛逛。

● St. Martin in the Fields提供。

 逛街不花錢！Window Shopping大飽眼福

 逛東倫敦威斯翡購物中心 Westfield Stratford City London Shopping Centre

> **943省錢妙招**
>
> **自備午餐不必擔心吃冷食**，因為這間購物中心非常貼心的備有足以容納數十人的育嬰室，設備齊全，不但有沙發可以休息，還有微波爐可以加熱午餐。

想逛全歐洲最新、最大的購物中心？到倫敦必逛的最潮景點就是這裡！位在東倫敦史特拉福站Stratford旁的Westfield購物中心，是倫敦人假日逛街的新天堂。因為在這全新的購物中心可比在牛津街逛街舒服多了，在牛津街商家室內、室外進進出出，一下子冷、一下子熱，很容易感冒，而在購物中心，夏天不必日曬雨淋，冬天也不必受涼吹風，難怪成為倫敦人的新寵。

在Westfield購物中心內，一口氣便能逛遍英國所有知名品牌，許多品牌特地將旗艦店設在這裡，例如令許多蘋果迷尖叫的蘋果電腦旗艦店是一定不能錯過的。

這個購物中心佔地廣闊，十分驚人，樓地板面積竟然相當於20個足球場，2011年秋天開幕的第一天就吸引了高達20萬的人潮，喜愛新奇創意的遊客絕對不能錯過。這裡的店家遠比牛津街密集，不花一整天是逛不完的；週末人潮多，建議排在平日前往，人潮最少的是週一和週二。客層涵蓋廣泛，涵蓋中級到頂級，樓層越低，價位也越平價。

在這裡不必擔心吃飯會花很多錢，肚子餓了直奔地下樓美食街，非常方便。這裡也有Waitrose超市，假日下午三點半開放搶購，記得在關門前一小時搶購超低價清倉食物！洗手間數量也很足夠，即使人潮洶湧的假日也不會大排長龍，還有擦拭馬桶坐墊的清潔液擦紙，比起牛津街，是逛起來相當舒服的地方。

Stratford International站有歐洲之星停靠，從巴黎前來倫敦也很方便，此站也是連結英國其他城市的長途巴士停靠點，更是地鐵、火車、DLR和地上鐵的交會站，交通四通八達。

Deichmann：荷蘭新品牌鞋店，大多是精緻好看款，價格不貴，包包9鎊，女鞋12鎊起，便宜又好穿。

Greggs：倫敦相當知名的西點三明治店，還有賣熱的三明治！光欣賞他們做得幾可亂真的趣味小蛋糕就可一飽眼福了。

 Stratford Shopping Centre

就算不是購物狂，也請別錯過這裡，因為Westfield購物中心隔壁的另一個購物中心Stratford Shopping Centre也有好多1鎊店可逛，例如：賣日用品的Poundland、99p Stores超市和陳列好多好可愛小東西的Tiger，window shopping完全不用錢。

Tiger：這家Tiger雖然是1鎊概念店，不一定每樣東西都是1鎊，但是商品品質水準相當高，小巧討喜又充滿巧思和創意，令人愛不釋手，比丹麥哥本哈根的Tiger精緻多了。

Percy Ingle：這間麵包店的價位便宜又好吃，因此人氣很旺，3個麵包89p，當點心也不貴，多拿滋3個、凱撒麵包5個、巧達起司麵包1個都只賣1鎊，價格實惠。

蘇活區SOHO、唐人街、柯芬園

唐人街、柯芬園、蘇活區一帶晚上很熱鬧，很多人到這裡的pub聚會或看音樂劇，尤其週末晚上滿街都是人潮，可別以為晚上很危險，早早打道回府太可惜了。

蘇活區 SOHO（見map E2）

SOHO的意思是South Holborn，意即南霍本區，但中文譯名「蘇活」卻忠實地詮釋了這個區域的活力氣息。它曾是倫敦的紅燈區，這裡有形形色色的酒吧與情趣商店，呈現了相當多元及兼容並蓄的面貌，其他像是同志書店、同志酒吧，還有一些怪奇唱片行、另類pub、音樂表演小餐館也都齊聚在此，還有充斥日本料理店的小日本街Brewer Street。

卡納比街 Carnaby Street（見map D2）

東京原宿氛圍的愛好者一定要到氣質接近的卡納比街朝聖。位在SOHO區內，距離牛津街與攝政街很近的卡納比街，是倫敦年輕人打點新潮裝扮的大本營，不同於外頭牛津街、攝政街的名流貴氣，卡納比街到處都是年輕人最愛的潮牌，如Nike、Levis、Adidas、Vans、無印良品等，還有很多一定令哈日族尖叫的個性小店。

唐人街 Chinatown（見map E3）

世界各地的華人遊客都喜歡上唐人街走走，因為這裡可以找到非常便宜的中式餐館、華人超市和國際電話卡，是倫敦留學生必要朝聖之處。這裡也有免費的中文報紙可拿，各家中文報社的出版品在路邊任人取閱，是迅速了解英國社會經濟現況的最快方式，更有許多旅居倫敦的生活資訊，舉凡租房子、找工作、物品轉讓等都能在華文報上找到相關訊息。

M&M'S World 巧克力城（見map E3）

大家都吃過M&M' S巧克力，記得那些七彩巧克力豆和「只溶你口、不溶你手」的廣告詞嗎？這間位於唐人街旁的M&M' S巧克力城，是倫敦2011年新開張的旗艦店，總共4層樓，非常值得一逛！

新加坡環球影城內有間很好玩的全亞洲最大糖果店，但是這家倫敦的M&M'S巧克力城，可比那家有趣好多倍！不但有各種造型的巧克力和糖果，以及M&M'S巧克力周邊商品，最吸引人的是館內主題巧妙地結合了英國和倫敦的象徵。把M&M'S巧克力做成卡通人物抱枕或T恤不稀奇，這些巧克力豆竟然化身為英國女王，或打扮成白金漢宮的衛兵！整個巧克力城就像個小型的遊樂園，充滿驚喜與創意，連平常不愛買紀念品的人都流連忘返。若喜愛倫敦和東京的新奇創意，那麼M&M'S巧克力城是強烈推薦造訪的重點。

● 啊哈！這不是超經典的披頭四樂團，四人過馬路的唱片封面嗎？這個酷點子可是全店最夯、也是讓最多遊客心甘情願排隊拍照的巨型公仔。

有意思的主題店

倫敦也有自己的書街，整條查令十字路上有各種專門書店，記得要鑽到巷子裡，尤其是Cecil Court這條小路，有很多奇怪有趣的特色主題書店，例如專賣古地圖的小書舖，值得一逛。此外，SOHO區和大英博物館周邊也有很多主題各異的獨立書店，例如專賣算命書和占卜用品，或社會運動思潮的小書店。

Atlantis Bookshop：這間小店位在大英博物館旁的小巷子裡，簡單説就是一間「女巫店」，裡面展售關於宗教、心靈、卜筮、靈修、新時代的書籍，還有各種塔羅牌，當然也有一些東方命理，如風水、易經之類的英文書。

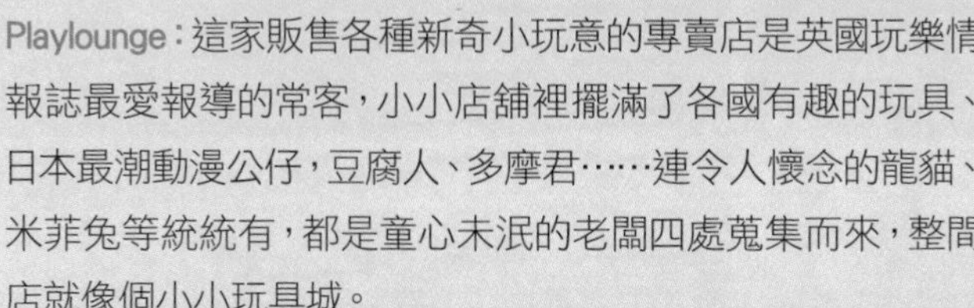

Playlounge：這家販售各種新奇小玩意的專賣店是英國玩樂情報誌最愛報導的常客，小小店舖裡擺滿了各國有趣的玩具、日本最潮動漫公仔，豆腐人、多摩君……連令人懷念的龍貓、米菲兔等統統有，都是童心未泯的老闆四處蒐集而來，整間店就像個小小玩具城。

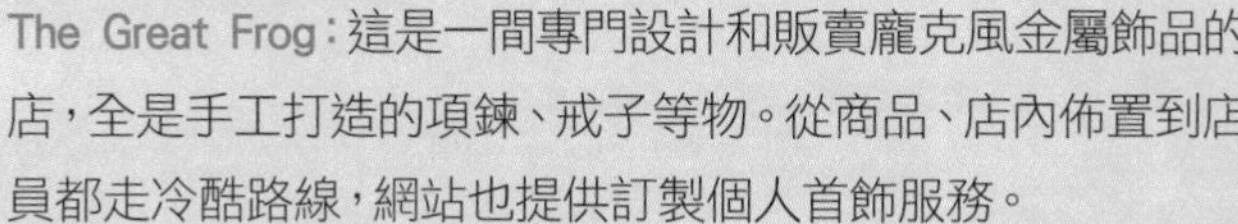

The Great Frog：這是一間專門設計和販賣龐克風金屬飾品的店，全是手工打造的項鍊、戒子等物。從商品、店內佈置到店員都走冷酷路線，網站也提供訂製個人首飾服務。

創意市集！

柯芬園 Covent Garden

943認為柯芬園可說是倫敦市集的旗艦店，這裡無論白天晚上都超好逛，一堆新奇又有趣的小店，賣很多可愛又具設計款的小雜貨、各式飾品、服飾、古董……樣樣都有，許多走流行、創意路線的店家都在柯芬園開店。喜歡設計和創意的朋友如果時間很趕、沒時間逛攝政街或全歐最大的Westfield購物中心，只能逛一處地方，一定要逛逛柯芬園。這裡有手工藝創作家擺的小攤子、個性小店、也有知名品牌的大型店面進駐，旁邊的餐桌區有水準極佳的古典音樂樂團，現場演奏。

柯芬園也是電影「窈窕淑女」中，女主角奧黛麗赫本賣花的拍攝地，前方廣場每天都有街頭藝人的精采表演，尤其是週末假日，更是吸引無數觀眾駐足欣賞。

Hope and Greenwood～全英國最棒的糖果店

這間被譽為「全英國最棒的糖果店」開在柯芬園旁的小巷內，小小店鋪裡全都是做得令人目不暇給的復古風糖果和小甜點，簡直就像童話故事裡的糖果屋，令人不禁想要每樣都品嘗一口。不只小孩愛買，就連情侶和年輕族群也會到這裡買禮物送朋友。

DAVID & GOLIATH～搞怪又搞笑的T恤之王

店內有很多吸引年輕族群的搞怪T恤、類似南方四賤客風格或巫毒娃娃之類的小飾品、做成收音機造型而且真的有喇叭的側背包，也有很多可愛指數爆表直逼奶油獅和黑白豬的商品。在卡納比街15號也有分店，網路商店可以訂購。

OCTOPUS～新奇創意小物的專賣店

PYLONES是法國有名的創意小物設計公司，走色彩斑斕又帶點花俏的獨特風格，在日本和香港也有分店，在英國則由OCTOPUS經銷。店內有很多令人眼睛一亮卻又莞爾一笑的生活用品，例如化妝筆筆身加上女娃娃的頭，毛刷部分就成了她們的頭髮造型。除了店內展示外，網路上也可以訂購。

Sass and Belle～令人愛不釋手的小禮品店

這間手作雜貨店內都是一些精緻又可愛的小東西，風格有點接近誠品文具館一些棉質手感的鄉村風商品，並有很多編織小物、拼布風家飾和蛋糕甜點造型的生活雜貨，是女生們會喜歡的溫暖系小舖。不過建議不必急著在店裡買，如果回到家後還想買，再上網訂購也不遲。

波特貝羅市集 Portobello Market

這裡是世界上最大的古董市場，也是電影「新娘百分百」的拍攝場景，男主角休葛蘭就是在此開設旅遊書店，現在這家書店成了波特貝羅市集的一大賣點。然而波特貝羅市集的魅力還不僅於此，自19世紀開市以來，它的悠久歷史與種類繁多的商品，也成了遊客趨之若鶩的焦點。這裡的氣氛比較觀光，看看熱鬧非常有趣，若買一排12個10鎊、價格低廉的鑰匙圈紀念品還可以，不過其他東西可就不是那麼便宜又大碗了。建議從諾丁山門站這端開始逛，順著人潮走，否則逆向會走得非常不順、甚至和路人相撞，因為假日來自世界各國的觀光客早已擠滿市集到摩肩接踵的地步。

波特貝羅市集的規模相當驚人，商品多元，包含古董、蔬果、服飾等，整條市集走完，可能得耗掉一整個早上。每年八月底附近會舉行盛大的諾丁山嘉年華，是全歐洲最大的街頭藝術節，可以看到非洲及加勒比海朝氣蓬勃的歌舞，及花枝招展的表演服飾。

● 整面牆都以勝家縫紉機做裝飾的店。

● 用橘色小汽車放披薩的店Arancina，專賣義大利西西里傳統食物。

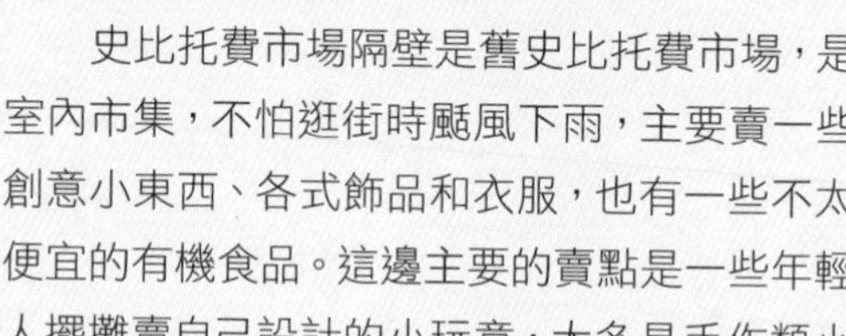

新舊史比托費市場
Spitalfields Market

史比托費市場隔壁是舊史比托費市場，是室內市集，不怕逛街時颳風下雨，主要賣一些創意小東西、各式飾品和衣服，也有一些不太便宜的有機食品。這邊主要的賣點是一些年輕人擺攤賣自己設計的小玩意，大多是手作類小物。販售的商品風格比較斯文秀氣，不像柯芬園那麼高檔精緻，也不像紅磚巷或肯頓市集那麼前衛。

雖然創意搞怪指數不如紅磚巷和肯頓市集，不過舊史比托費市場就位在這兩個市集附近，可排在同一天，順道過去逛逛。比較建議的走法是先逛新舊史比托費市場，再從Fournier Street那端開始逛紅磚巷，會有倒吃甘蔗、整條街風格越來越強烈的感覺。

Beigel Bake 貝果店

到紅磚巷一定要買超便宜又超好吃的傳統猶太貝果，一個才25p！4個才1鎊！這家位在紅磚巷159號的Beigel Bake貝果店是附近勞工階級的美食天堂，好吃到連警察都跑來排隊，正因為它極Q的口感和吃得出新鮮的滋味、有名的鹹牛肉，以及揪感心的24小時無休，讓這間店的生意好到不行！幸好幾位婆婆級的店員手腳相當俐落，再多客人也能應付自如，排隊移動的速度很快。既然這麼便宜，不妨多帶一點，當作接下來數日的早餐。白色招牌那家才是正牌老店，可別走到隔壁那家了。

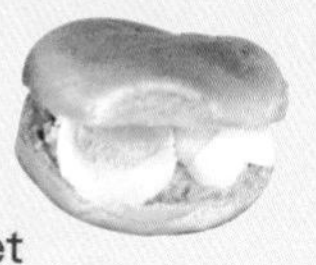

紅磚巷 Brick Lane Market

若喜歡比西門町更另類的搞怪風格，應該會愛上有點桀驁不馴的紅磚巷。裡頭的Backyard Market很有趣，是倫敦年輕人很愛去的次文化重鎮，雖然有點小頹廢，但絕對活力十足。這裡有許多二手貨、創意擺攤、街頭藝術、獨立唱片、pub等，比蘇活區還深受年輕人喜愛，有不少異國美食攤位，熱鬧得像是舉辦園遊會，各種食物幾乎都是5英鎊一份，路旁滿是席地而坐的年輕人，手上拿著小餐盒與朋友們愉快的吃著。

以英文及孟加拉語雙語書寫的路牌，訴說著紅磚巷身為「小孟加拉」的過往。這裡是孟加拉等國移民勞工的大本營，有各種孟加拉和印度菜餐廳，每一間都標榜有某某雜誌評鑑，若有興趣品嘗，建議挑客人眾多的餐廳。

如果時間有限，只能逛一個創意市集，那麼搞怪的紅磚巷或都會優雅風的柯芬園是二選一的最佳選擇。

肯頓市集 Camden Passage

肯頓是倫敦相當知名的古董市集，喜歡古樸風的人可以來逛逛，舉凡服飾、鍋碗瓢盆、家具日用品都有。這裡的古董市集和波特貝羅市集的跳蚤地攤風有點不同，古董家具比較走鄉村風，還有不少手作風格的家飾店。

在這裡，可以看到很多打扮非常有型又深具創意的年輕人，他們從編髮、上衣到長襪都是自己編織設計卻又混搭出毫無違和感的造型，總之，親自來這裡走一趟就對了。

Loop Yarn Shop～療癒系設計風的毛線專門店

這是一間毛線愛好者會為之瘋狂的店，在英國的個性店鋪中算小有名氣。全店都是年輕設計師用毛線編織的各種療癒系用品與溫暖風家飾，還有各種編織毛線的專門小工具。

Decorexi～英式鄉村風

肯頓市集有許多諸如此類的家飾店，每一間都賣有點類似又不會太類似的東西，風格從鄉村風、古典風到混搭都有。由於是觀光景點，所以有很多凸顯英國風格的商品。

波羅市場 Borough Market

曾在電影「BJ單身日記」出現過的波羅市場，是倫敦數一數二有趣的古老市集，尤其對於上哪裡都得找美食的台灣人而言，更是如此。這裡有很多賣起司、火腿、果醬、蛋糕、點心等各式食物的小販，各國食物都找得到。這裡的老闆對外國人很和善，大都歡迎試吃，但建議真的要買再試吃，否則老是只吃不買會給人不好的印象。小心別亂吃生蠔，萬一吃壞肚子，在英國掛急診可是要等很久的。

東倫敦威斯翡購物中心

Westfield Stratford City London Shopping Centre

【地址】2 Stratford Place, Westfield Stratford City Montfichet Road, E20 1EJ

【交通】地鐵中央線（紅線）、Jubilee Line（銀線）、DLR、地上鐵Overground的史特拉福站Stratford

【開放時間】週一至週三10am-9pm、週四至週五10am-10pm、週六9am-10pm、週日12pm-6pm

【網址】uk.westfield.com/stratfordcity

Stratford Shopping Centre

【地址】54A The Broadway, London E15 1WG

【交通】地鐵中央線（紅線）、Jubilee Line（銀線）、DLR、地上鐵Overground的史特拉福站Stratford

【開放時間】各店不一，請上網站查詢

【網址】www.stratfordshopping.co.uk

蘇活區SOHO、唐人街、柯芬園

卡納比街 Carnaby Street（見map D2）

【地址】Carnaby Street, London

【地鐵站】Oxford Street、Piccadilly Circus

【開放時間】大多店家營業時間為週一至週六10am-7pm、週日12pm-6pm

【網址】www.carnaby.co.uk

Atlantis Bookshop（見map F2）

【地址】49A Museum Street, City of London WC1A 1LY

【網址】www.theatlantisbookshop.com

Playlounge（見map D2）

【地址】19 Beak Street, London W1F 9RP

【網址】www.playlounge.co.uk

The Great Frog（見map D2）

【地址】10 Ganton Street, London W1F 7QR

【網址】www.thegreatfroglondon.com

創意市集

柯芬園 Covent Garden（見map F3）

【地址】Covent Garden, London WC2E 8RF

【地鐵站】Covent Garden、Leicester Square、Charing Cross

【開放時間】週一09:00-19:00、週二至週日10:30-19:00

【網址】www.covent-garden.co.uk

Hope and Greenwood

【地址】1 Russell Street, London WC2B 5JD

【網址】www.hopeandgreenwood.co.uk

DAVID & GOLIATH（見map F3）

【地址】4 The Market Place, Covent Garden, London, WC2E 8RA

【網址】www.chicksrule.co.uk

OCTOPUS（見map F3）

【地址】Unit 15, Covent Garden, London, WC2E 8RB

【網址】www.pylones.com

Sass and Belle（見map F3）

【地址】31 The Market, Covent Garden, London WC2E 8RE

【網址】www.sassandbelle.co.uk

波特貝羅市集 Portobello Market

【地址】Portobello Road. London

【地鐵站】Notting Hill Gate、Ladbroke Grove、Westbourne Park

【開放時間】古董市集僅每週六09:00-18:00，一般市集為週一至週三 08:00-18:00，週四09:00-13:00、週五至週六08:00-19:00

【網址】www.portobellomarket.org

新舊史比托費市場 Spitalfields Market

【地址】Commercial Street, E1 6AA

【地鐵站】Liverpool St.

【開放時間】每天10:30-16:00

【網址】www.oldspitalfieldsmarket.com

紅磚巷 Brick Lane Market

【地址】Brick Lane, Shoreditch, E1 6PU

【地鐵站】Liverpool St.、Aldgate、Aldgate East

【開放時間】僅週日9am-5pm

【網址】www.visitbricklane.org

Beigel Bake 貝果店

【地址】159, Brick Lane, London, E1 6SB

【開放時間】24小時一週七天，全年無休

【電話】020 7729 0616

肯頓市集 Camden Passage

【地址】Pierrepont Row Arcade, London N1 8ES

【地鐵站】Angel

【開放時間】週三7am-2pm、週四7am-4pm、週六8am-4pm

【網址】www.camdenpassageislington.co.uk

Loop Yarn Shop

【地址】15 Camden Passage, London N1 8EA

【網址】www.loopknitting.com

Decorexi

【地址】104 Islington High Street Camden Passage Angel London N1 8EG

【網址】shop.decorexi.co.uk

波羅市場 Borough Market

【地址】8 Southwark Street SE1, London

【地鐵站】London Bridge

【開放時間】週五12:00-18:00、週六09:00-16:00

【網址】www.boroughmarket.org.uk

倫敦10間最棒的免費博物館&圖書館

倫敦總共有200多間大大小小的博物館，平均水準是全世界數一數二的，不但蒐集範圍廣博，也相當深入專業，更棒的是完全免費！尤其這些免費的博物館在週末都會舉辦免費的活動，只要上官方網站就能查詢得到，到倫敦可要好好善用這些文化資源，才不會抱憾而歸。

1.大英博物館 British Museum

鎮館之寶：埃及拉美西斯二世人面獅身像Rameses II、羅塞塔石碑Rosetta Stone。

大英博物館與巴黎羅浮宮、紐約大都會美術館及台灣的國立故宮博物院，被譽為世界四大博物館，也是一生中必訪的世界級博物館之一。這麼經典的博物館，由於館藏文物大多為英國當年自世界各國攫取而來，因而門票分文不取，以省錢的角度來看，更是必訪之地。造訪一個博物館裡就能輕鬆看完全世界五大洲，上古時期至今的精華文物，省下親自飛到各國旅行的旅費，光是這一點，就是相當物超所值的重量級景點了。

館內規模十分龐大，光是展館就超過100個，還有埃及、希臘、羅馬、西亞、東方、日本、中世紀和近代等許多分館，**必看項目為：埃及館、希臘羅馬館、中東館，尤其是埃及木乃伊、帕德嫩神廟雕塑等。**

2.維多利亞與亞伯特博物館 Victoria and Albert Museum (V&A)

這個以維多利亞女王及其夫婿亞伯特親王為名的博物館，起源為1852年一場成功的萬國博覽會，主辦人將從博覽會買回的展覽品，及當代設計師的優良作品為基礎，紀念女王及親王的參與，而命名為維多利亞與亞伯特博物館，簡稱V&A博物館。

即使是看古代文物會睡著、看繪畫雕刻會打呵欠、只對新奇玩意有興趣的人，倫敦也有適合的免費博物館。這裡是全世界最大的美術工藝品博物館，展出的都是與現代人日常生活中的用品，建議可看設計家具展，有很多異想天開的家具設計，例如在英國展館中足足可躺五個成人的伊莉莎白式巨型大床，還有服飾、鞋子、兵器等包羅萬象的收藏。

學設計的人更不能錯過以金屬、玻璃等各種材質的當代創作，943覺得這裡是全世界設計概念的寶庫。此外，禮品販賣部也有很多很酷的創意商品，值得一逛。

3.科學博物館 Science Museum

這裡是讓科學愛好者玩得不亦樂乎的大樂園，陳列人類科技的重要發明及原理。例如電腦剛發明時巨大無比的模樣、人類發明飛機的各種時期，及體驗駕駛飛機的模擬駕駛艙等。交通工具從蒸汽火車、輪船、飛機到太空船，通訊從印刷術、電子通訊儀器到電腦。從農耕技術到食品科學、從心理到醫學等，利用遊戲的方式，讓參觀者輕鬆了解發明的原理，或以互動的方式讓大小朋友與儀器互動，值得花上數個小時到此感受一下回到過去、體驗科學發明的魅力。

4.自然史博物館 The Natural History Museum

自然史博物館的館藏是1860年從大英博物館分家出來的，現在擴充為地球館與生命館。前者主要陳列地球起源的天文學，與地球演進的地質學資料。後者則又分為古生物館、動物館、植物館、昆蟲館及礦物館，展出許多標本及化石。收藏的物件超過七千萬件，其中包括由知名人士，如庫克船長及生物學家達爾文等人捐贈的文物。

● Natural History Museum照片提供。

自然史博物館、科學博物館及V&A博物館，都在肯辛頓花園南邊的同一條路上，只有門口在不同的地址，喜歡逛博物館的人可以安排一整天的時間，在這個地區好好享受完全免費的知性洗禮。

5.倫敦博物館 Museum of London

雖然倫敦博物館的外型並不起眼，但館藏十分豐富，細數倫敦自羅馬時期、歷經中古時代、都鐸王朝至今的歷史演變。包括重現數百年前倫敦舊時商店及房屋的樣貌，當時的路人、交通工具及生活用品等，還有1666年倫敦大火的模擬情景。入口在天橋上，循指標較不易走錯。入口櫃台有熱心的義工，提供遊客參觀建議。

6.大英圖書館 British Library

大英圖書館是全世界最大的圖書館之一，也是所有英國出版品都得送交收藏的圖書館，更是許多書迷到英國都會前來朝聖的地方。雖然是圖書館，卻有珍貴的收藏品陳

列展，例如：戲劇家莎士比亞及科學家達文西的手稿、音樂家莫札特的手抄譜、世界名著《愛麗絲夢遊仙境》的原稿、披頭四的樂曲原稿等。還有中古世紀的書本製作過程及古書的修復手續，以及英國1215年憲法《大憲章》等，在歷史上舉足輕重的原件。

7.索恩爵士博物館 Sir John Soane's Museum

這是一間不收門票，收藏量卻十分驚人的私人博物館，位在民宅區，是打通了三間房子的對外開放空間。主要展示收藏品的主人約翰索恩爵士，在18世紀時四處蒐集而來的藝術品、模型、手稿、書籍等文物，其中還包括埃及石棺和中國廣東的家具，這些典藏連同索恩爵士的房子，在他1837年過世時捐贈給英國政府。索恩爵士本是建築系教授，他所收藏的東西也與建築和空間設計有關，若對建築及室內設計有興趣、喜歡另類佈置或前衛概念的餐廳或pub，這裡頗值得一逛。

8.英格蘭銀行博物館 Bank of England Museum

英格蘭銀行在英國的地位相當於中央銀行，起始於17世紀，當時由於英、法兩國交戰，英國財務捉襟見肘，於是成立了專司國債管理的英格蘭銀行。經過數百年的發展，英格蘭銀行所在的位置成了倫敦最重要的商業區及英國金融重鎮，這個博物館也展出自17世紀末以來的英國金融發展史，還有歷年使用的鈔票、銀幣及流通的金磚，例如伊莉莎白女王登基時賜給西敏寺的金磚，也因為這些重達十餘公斤的金磚，進入博物館還得經過安檢門。不過館內也有簡單介紹金融概念的互動影片及體驗金融交易的虛擬遊戲，讓參觀者親身參與外幣交易的過程。招牌不甚明顯，入口位在小巷Bartholomew Lane內，進入巷內即可看到。

9.倫敦市政廳 Guildhall

© Guildhall照片提供。

倫敦舊市政廳是倫敦自中世紀以來的市政中心，自1411年開始啟用，是倫敦現存最古老的非宗教石造建築，也是英格蘭第三大的市政中心。市政廳內有一些古文物的展出，附屬美術館也陳列了不少維多利亞時期，以倫敦為背景的繪畫作品。內部的鐘錶匠博物館陳列許多珍貴的古董鐘錶，大多具有100到400年的歷史。市政廳、附設美術館及鐘錶匠博物館都是免費參觀。

10.英國皇家學會 The Royal Institution of Great Britain

不要懷疑，這不是英國皇室才能進入的私人俱樂部，而是一個免費開放的小型博物館，主要展出的陳列品也不是英國王室的文物，而是以發明為主軸的科學教育展館。在這裡可以看到保溫瓶的發明原理、在遊戲中了解DNA知識等世界重要發明的原理，是一個致力於青少年科學教育的機構，若時間充足可順便過去參觀。

其他免費的小型博物館及美術館

倫敦大學亞非學院附設汶萊美術館
Brunei Gallery, SOAS

【主題】亞洲、中東、非洲的傳統文物及當代藝術。

【地鐵站】Russell Square

倫敦大學學院博物館 UCL Collections

【主題】許多小博物館，包含考古、動物學、藝術、民族學、科學、地質學。

【地鐵站】Euston Square

威康展覽館 Welcome Collection

【主題】醫療藝術。

【地鐵站】近Euston Square

薩琪藝廊 Saatchi Gallery

【主題】當代藝術。

【地鐵站】Sloane Square

皇家音樂學院附屬音樂博物館
Royal Academy of Music Museum

【主題】樂器、手稿、古鋼琴、弦樂器等。

【地鐵站】Baker St.

Twinings Museum（見map G2）

【主題】唐寧茶三百年發展之相關文物。

【地鐵站】Temple

10大免費博物館&圖書館資訊：

1.大英博物館 British Museum
（見map E1）

【地址】Great Russell St, London, Greater London WC1B 3DG

【地鐵站】Russell Square、Holborn、Goodge Street、Tottenham Court Road

【開放時間】週日至週四，週六10:00-17:30；週五 10:00-20:00

2.維多利亞與亞伯特博物館 Victoria and Albert Museum

【地址】Cromwell Road, London SW7 2RL

【地鐵站】South Kensington

【開放時間】週日-週四，週六10:00-17:45；週五10:00-22:00

3.科學博物館 Science Museum

【地址】Exhibition Road, London, SW7 2DD

【地鐵站】South Kensington

【開放時間】週日至週六10:00 - 18:00

4.自然史博物館 The Natural History Museum

【地址】Cromwell Road, London SW7 5BD

【地鐵站】South Kensington

【開放時間】週日11:00-17:50；週一-週六 10:00-17:50

5.倫敦博物館 Museum of London

【地址】150 London Wall, City of London EC2Y 5HN

【地鐵站】St Paul's、Barbican

【開放時間】週日至週六10:00 - 18:00

6.大英圖書館 British Library

【地址】96 Euston Road London NW1 2DB

【地鐵站】King's Cross、St. Pancras

【開放時間】週一至週五9:30-18:00、週六9:30-17:00、週日11:00-17:00

7.索恩爵士博物館（見map G2） Sir John Soane's Museum

【地址】13 Lincoln's Inn Fields, London WC2A 3BP

【地鐵站】Holborn

【開放時間】週二至週六10:00 - 17:00，週一及週日休館。

8.英格蘭銀行博物館 Bank of England Museum

【地址】Threadneedle Street, London EC2R 8AH

【地鐵站】Bank

【開放時間】週一至週五10:00 - 17:00，週末及假日休館。

9.倫敦市政廳 Guildhall

【地址】Gresham St, Barbican EC2V 7HH

【地鐵站】Bank、St Paul's、Barbican

【開放時間】每日10am-5pm，每年十月至隔年四月的週日不開放

10.英國皇家學會（見map D3） The Royal Institution of Great Britain

【地址】21 Albemarle St, Westminster, London W1S 4

【地鐵站】Green Park

【開放時間】週一至週五9:00-21:00

倫敦10大免費美術館

1.國家藝廊 National Gallery

若不是那麼愛看當代藝術，在倫敦的時間又只能挑一個美術館參觀，那麼943建議絕對不能錯過國家藝廊。這間相當具有代表性的重量級美術館緊臨特拉法加廣場，1824年成立時，主要以喬治四世的收藏為基礎，兩個世紀以來逐步擴充，畫作的典藏範圍涵蓋了西歐從1260年到1900年、多達2000多件的經典之作，包括：文藝復興時期的達文西（de Vinci）、波提切利（Botticelli）、拉斐爾(Raphael)、米開朗基羅（Michelangelo），巴洛克的林布蘭（Rembrant）、卡拉瓦喬（Caravaggio）及現代的梵谷（Van Gogh）、莫內（Monet）與塞尚（C zanne）等人的作品。

館內必看經典

- **【第24展覽室】**林布蘭「34歲的自畫像」（Rembrandt:Self Portrait at the Age of 34）。
- **【第30展覽室】**維拉斯奎茲「梳妝中的維納斯」（Diego Vel zquez:The Rokeby Venus）。
- **【第45展覽室】**梵谷「向日葵」（Vincent van Gogh:Sunflowers）。
- **【第43展覽室】**莫內「睡蓮」（Claude-Oscar Monet:The Water-Lily Pond）。
- **【第56展覽室】**范艾克「阿諾非尼夫婦」(Jan van Eyck :The Arnolfini Portrait)。
- **【第58展覽室】**波提切利「維納斯與戰神」(Sandro Botticelli:Venus and Mars)。

2.泰特現代美術館 Tate Modern

泰特現代美術館的外觀看起來一點也不摩登現代，更不像個美術館。這個建築原本是座廢棄的發電廠，後來改裝為美術館，這個創舉使得整個美術館建築成為現代藝術的代言者。尤其是入口渦輪大廳緩緩上升一層樓高的斜坡，視覺上的錯覺與驚喜，更給人置身巨大現代藝術創作內的震撼感。館內展出的風格包括：普普藝術、立體主義，未來主義、抽象主義、超現實主義等派別的作品，也是全世界參觀人數最多、最受歡迎的現代美術館。

3.泰特美術館 Tate Britain

十九世紀末，國家藝廊另立分支，這就是今天的泰特美術館，館內展出的主要是英國自16世紀都鐸王朝以降的英國藝術家作品，尤其是透納（Turner）、羅塞提（Rosetti）、布雷克（Blake）等人的作品，是想要了解英國近代藝術史的人必訪之地。

4.國家肖像美術館 National Portrait Gallery

英國的博物館及美術館大多分工細緻專業，位在國家藝廊及特拉法加廣場旁的國家肖像美術館就是很好的例子。這裡是全世界第一個成立、同時也是最大的人像收藏專門機構，創立於1856年，超過一萬件陳列品，典藏的時間範圍從中世紀至21世紀，素材從傳統繪畫到攝影及動態影像、人物，從古代王公貴族到現代名人都有。其中最著名的收藏品之一為曾被錢德斯Chandos公爵收藏、主角為莎士比亞的畫像，以及黛安娜王妃的肖像。

5.華萊士典藏館 The Wallace Collection

如果在國家藝廊逛得意猶未盡，強烈建議到華萊士典藏館繼續參觀，絕對可以大飽眼福、看個過癮！此館也是不少世界級名畫的收藏所在，人潮卻不如國家藝廊眾多，瀏覽時比較輕鬆。經典收藏包括：提香、林布蘭、范艾克、魯本斯等荷蘭名師的大作。華萊士典藏館最早由喜愛藝術的赫福德家族開始私人收藏，一脈相承至第四代侯爵的私生子華萊士爵士，1897年，其遺孀華萊士夫人將歷代珍藏近六千件藝術珍品捐給英國政府。

通常參觀王宮或豪華宅第都要付出金額不小的門票費用，但是在倫敦卻可以打破這個慣例，在當年英國上流社會的華宅大院盡情瀏覽。華萊士典藏館的建築本身也是貴族宅第，不僅收藏西歐各國藝術品，還有法國本土以外收藏最豐富的18世紀各式法國繪畫、雕塑、陶瓷、家具等華麗

精品，此外還展出古代的盔甲兵器等珍寶，置身其中卻不花一毛錢，就可輕鬆體驗數百年前英國王公貴族奢華的生活樣貌。

經典的必看名作

●**【一樓Oval Drawing Room】**「龐畢度夫人」(Fran ois Boucher:Madame de Pompadour)。
●**【一樓Oval Drawing Room】**「鞦韆」(Jean-Honor Fragonard:The Swing)。
●**【一樓Great Gallery】**「微笑騎士」(Frans Hals:The Laughing Cavalier)。
●**【一樓Boudoir】**「珍包爾小姐」(Joshua Reynolds:Miss Jane Bowles)。

6.桑摩塞館 Somerset House

喜愛印象派繪畫的人一定要去位在柯芬園附近、泰晤士河北岸的桑摩塞館。這是一棟18世紀的華院大宅，中央部分是新古典主義風格，兩翼則是維多利亞時期的建築。每年7月常有露天音樂會舉行，冬天則成為英國年輕人最愛的滑冰場。由皇家藝術學院、皇家學會及古物協會共同組成，而成為收藏相當豐富有料的桑摩塞館，雖然是個要收門票的博物館，但也善心大發地提供免費觀賞時段，除了全時段開放給持有英國全職學生證的學生外，館內附屬的科爾托美術館(Courtauld Gallery)在每週一早上10點至下午2點免費開放。此館收藏許多印象派名畫，例如：莫內、馬內、高更、賽尚等大師的作品，也有上自文藝復興、下至20世紀的名作。

必看重點

●梵谷「自畫像」(Van Gogh:Self-portrait with bandaged ear)。
●高更「永遠不再」(Paul Gauguin:Nevermore)。
●竇加「兩名舞者」(Degas: Two dancers on a stage)。
●老盧卡斯「亞當與夏娃」(Lucas Cranach: Adam and Eve)。
●馬內「酒吧女侍」(Manet:A Bar at the Folies-Bergere)。

7.蛇型藝廊 Serpentine Gallery

若問倫敦人最喜歡哪個當代美術館？相信很多人會回答：肯辛頓花園裡的蛇型藝廊。這個名稱得自於海德公園內蛇型湖的小美術館，受歡迎的原因當然不只是它位在海德公園旁的超優地段，或肯辛頓花園裡美麗的環境，也不是因為這個小美術館曾獲得黛安娜王妃的愛心贊助，而是永遠都能在此呈現極具當代藝術精神的好作品。

不過最具人氣的還是蛇型藝廊的戶外展亭Serpentine Gallery Pavilion，館方將前方一塊小廣場規劃為建築界的小擂台，每年夏天都會邀請世界建築大師如伊東豐雄等人到此，把這一小塊空間設計成前所未見的創意建築，三個月展期一過就拆除，例如：白色大氣球般的屋頂、玻璃屋、像巨人用茶几的鏡面小矮棚等，皆是一時之選，這個活動至今已有10來年的歷史，是倫敦人一到夏天就引頸企盼、期待著「今年不知道又會蓋成什麼新奇造型」的一大盛事，每年超過八十萬的參觀人潮，也是Google網頁搜尋熱門關鍵字，影響力不容小覷。

8.工藝協會 Craft Council

這間看起來不太像博物館的建築，是英國工藝協會為促進工藝發展而成立的中型展館，不收門票，1000多件展品包括：編織、金屬、珠寶、陶藝、印刷、木材、編籃、書法、家具等，水準不低，喜歡手作小物者可以前往一探究竟。

9.白教堂藝術館 Whitechapel Art Gallery

白教堂藝術館是一個小型當代藝廊，位在天使站附近這個倫敦物價較低廉的區域（也是倫敦開膛手兇案現場），卻是相當適合年輕藝術家勇敢表達想法的所在。它是畢卡索的畫作「西班牙內戰」在英國首度也是唯一一次的展點，曾將電影「揮灑烈愛」描述的墨西哥女畫家芙烈達卡蘿作品引介至英國，還有一些素材相當新穎的當代藝術、裝置藝術等，在此可見到一些新銳藝術家的優秀作品。

10.倫敦美術協會 The Fine Art Society

這間位在倫敦精品第一線龐德街上的畫廊，於滿街LV、PRADA、GUCCI等名牌包包、服飾店中擁有獨樹一格的角落，很多對美術館敬謝不敏、只愛逛精品店的上流人士也很愛來此小逛，感受一些藝術氣息。在遊客如織的龐德街上，不需花費金錢，即可用最短的時間、最少的精力瀏覽，一窺倫敦當代最具「錢」力的作品。

1.國家藝廊 National Gallery（見map E3）
【地址】Trafalgar Square, London WC2N 5DN

【地鐵站】Charing Cross

【開放時間】週日至週四、週六10:00 - 18:00、週五10:00 - 21:00

【網址】www.nationalgallery.org.uk

2.泰特現代美術館 Tate Modern（見map I4）
【地址】Sumner Street, Bankside, London SE1 9TG

【地鐵站】London Bridge

【開放時間】週日至週四10:00 - 18:00；週五至週六10:00 - 22:00

【網址】www.tate.org.uk/modern

3.泰特美術館 Tate Britain
【地址】Millbank London SW1P 4RG

【地鐵站】Pimlico

【開放時間】每日除週五外10:00 - 18:00、週五10:00 - 22:00

【網址】www.tate.org.uk/britain

4.國家肖像美術館（見map E3）National Portrait Gallery
【地址】St Martin's Pl, London WC2H OHE

【地鐵站】Charing Cross

【開放時間】週六至週三10:00-18:00、週四至週五10:00-21:00

【網址】www.npg.org.uk

5.華萊士典藏館 The Wallace Collection（見map B2）
【地址】Hertford House, Manchester Square, London W1U 3BN

【地鐵站】Baker Street、Bond Street

【開放時間】週日至週六10:00 - 17:00

【網址】www.wallacecollection.org

6.桑摩塞館 Somerset House（見map G3）
【地址】Strand, London, WC2R 1LA

【地鐵站】Temple、Covent Garden、Charing Cross

【開放時間】Courtauld Gallery免費時段為每週一10:00-14:00，若適逢假日則要收費。

【網址】www.somersethouse.org.uk

7.蛇型藝廊 Serpentine Gallery
【地址】Kensington Gardens, London W2 3XA（從皇家艾伯特廳正對面的大門進入肯辛頓花園）

【地鐵站】Lancaster Gate、High Street Kensington、Knightsbridge、Queensway

【開放時間】週日至週六10:00 - 18:00

【網址】www.serpentinegallery.org

8.工藝協會 Craft Council
【地址】44a Pentonville Road, Islington, London, N1 9BY

【地鐵站】Angel、King's Cross

【開放時間】週二至週六11:00-18:00

【網址】www.craftscouncil.org.uk

9.白教堂藝術館 Whitechapel Art Gallery
【地址】7-82 Whitechapel High Street, City of London E1 7QX

【地鐵站】Aldgate East

【開放時間】週一休館、週四11:00 - 21:00、其餘日11:00 - 18:00

【網址】www.whitechapelgallery.org

10.倫敦美術協會 The Fine Art Society（見map C3）
【地址】148 New Bond St, London W1S 2JT

【地鐵站】Baker Street、Bond Street

【開放時間】週一至週五9:30-17:30、星期六10:00-1:00

【網址】www.faslondon.com

最值得參觀的4大教堂

1.聖保羅大教堂 St Paul's Cathedral

聖保羅大教堂雄偉的圓頂，不但名列歐洲最高最大的教堂前幾名，更是倫敦天際線的主要構成之一。它的重要性不僅在於建築的宏偉，也是英國歷史上幾個重要儀式的舉行地點，包括英國前首相邱吉爾的葬禮，以及1981年查爾斯王子與黛安娜王妃的世紀婚禮。

最早的聖保羅大教堂建於西元7世紀，因為多災多難的命運而屢次重建，包括因1087年及1666年的兩次倫敦大火而付之一炬，目前所見的教堂是自原址重建的第五座建築，1675年開工，經過將近40年的建設，直到1711年才完成如今這棟巴洛克風格的建築。由於建築的雄偉華麗及不可磨滅的重要性，來自世界各國的遊客絡繹不絕地前往拜訪。

到聖保羅大教堂做禮拜，可以聆聽著名教堂內唱詩班優美的歌聲。St Paul's Dean and Chapter提供。

943省錢妙招

合法免費參觀聖保羅教堂的方法

1.進入聖保羅大教堂參觀要購買門票，但並非所有空間都要票，教堂內有些地方是不需要門票的，若不是非得參觀教堂全貌，就不必跟著人龍排隊花十幾鎊買門票。教堂內有個聖鄧斯坦禮拜堂（St. Dunstan's Chapel）免費開放給信眾祈禱，它位在聖保羅大教堂內部的西北角，在萬靈廳（All Souls Chapel）旁邊。面對聖保羅大教堂時的左手邊入口進入，穿過排隊購票的人龍往裡走，就是聖鄧斯坦禮拜堂。不過這個小禮拜堂只開放給信眾祈禱，不是開放給人觀光的，所以進去時請務必保持安靜，避免用閃光燈拍照，別驚擾正在默禱的民眾。

2.聖保羅教堂地下室有賣輕食的咖啡廳和免費洗手間，從咖啡廳延伸出去的部分空間也是不收門票的。

3.不花錢又合法看到聖保羅大教堂主廳的方式：選在禮拜時間跟著英國人上教堂做禮拜吧！網站上有每日禮拜時間表。只做禮拜而不參觀，都是不收門票的，但請注意禮節，別遲到或任意離開座位。領聖餐和聽唱詩班唱聖歌挺有意思，若時間充足，可找個時段好好體驗一番，這裡的管風琴還曾被著名音樂家韓德爾及孟德爾頌演奏過呢！

至於聖保羅大教堂的其他部分，例如：圓頂壁畫、迴旋樓梯、耳語迴廊、屋頂鳥瞰倫敦市等，也可以上聖保羅大教堂官方的虛擬遊覽網站（www.sphericalimages.com/stpauls/virtual_tour.htm），免費一探究竟，可以用全螢幕觀賞360度的美景，保證角度比自己拍的還美，而且不會有破壞取景的觀光客出現在鏡頭裡，也不必氣喘吁吁地爬上530階樓梯到屋頂俯瞰。耳語迴廊則要等四周保持安靜時才能聽出迴音的箇中奧祕，若買票上去也是人多嘈雜，聽不到等於白花錢。

不必買票登上聖保羅屋頂，免花錢俯瞰倫敦！

若真想親眼俯瞰倫敦市，不必買票登上聖保羅教堂屋頂，也不必花錢搭倫敦眼，只要搭電梯上聖保羅大教堂旁邊的ONE NEW CHANGE購物中心頂樓，即可免費俯瞰聖保羅大教堂雄偉的建築、美麗的聖保羅大教堂圓頂，和遠眺大笨鐘、倫敦眼等倫敦街景。英國名廚Jamie Oliver開的餐廳Barbecoa也在這家購物中心內。

● 聖保羅大教堂美麗的圓頂，St Paul's Dean and Chapter提供。

2.西敏寺
Westminster Abbey

具有哥德式風格的西敏寺是英國最重要的宗教場所與歷史建築，也是自11世紀以降，千年來英國歷代君主登基大典的舉行所在地，例如1947年女王伊莉莎白二世的婚禮及6年後的加冕典禮。近年由於1997年黛妃喪禮在此舉行，加上它是2011年威廉王子與凱特王妃大婚的教堂，而成為超級熱門旅遊景點，每天門外都有大排長龍的遊客準備買票進入參觀。

西敏寺是許多英國歷代名人長眠的所在。Dean and Chapter of Westminster提供。

西敏寺的重要性不只是舉辦王室重要慶典，也是英國史上重量級人物的長眠之處，光是西敏寺內就有三千多人安葬於此，包括歷代君主、王室、貴族、科學家、文學家、音樂家、政治人物、將軍等，如：達爾文、牛頓、韓德爾、邱吉爾……其中在《達文西密碼》的原著及電影中，開啟第二層藏密筒的密碼就是在西敏寺內牛頓的墳前找到的。而詩人之角（Poet's Corner）則有莎士比亞的紀念碑及文學家濟慈、狄更斯、喬叟之墓，此處在1987年更被列為世界文化遺產。

943省錢妙招

參觀西敏寺要排好久的隊買票，但星期天去做禮拜就不收費。如果一定要買票進入，信用卡買票的窗口人超少的，不必排隊排上1小時！

3.聖瑪格麗特教堂
St. Margaret's Church

緊臨西敏寺的聖瑪格麗特教堂，屬於哥德式建築，最早於12世紀就已存在，1486年重建後就成了今日的面貌，1614年後成為下議院專屬教堂，是皇室及英國政經名人結婚勝地，例如英國知名首相邱吉爾的婚禮就是在此舉行。

聖瑪格麗特教堂不必排隊即可參觀，也不必買門票，可自由進入聽管風琴演奏，也可以自由參加禮拜。

4.西敏大教堂
Westminister Cathedral

這間教堂的名稱很容易和比較有名的西敏寺搞混，請記得這間是紅白相間的拜占庭式紅磚建築，可不是《達文西密碼》電影和小説裡提到的「西敏寺」（Westminster Abbey）。「西敏」（Westminster）一詞是由West（西方）與Minster（大教堂）的組合而成，因此西敏的原意為「西邊的教堂」。而Abbey的意思是修道院，Cathedral則是大教堂，因此西敏寺「Westminster Abbey」與西敏大教堂「Westminister Cathedral」原本被賦予的功能就不一樣。

西敏大教堂於1903年完工，算是倫敦眾多歷史建築中相當年輕的，設計師班利使用1000多萬塊紅色磚頭及白色波蘭石打造這棟天主教堂。教堂內部的馬賽克拼貼壁畫也是值得一看的重點，但由於經費短缺，天花板部分至今仍未完工。西敏大教堂可免費進入參觀，只有鐘樓要收費。

1.聖保羅大教堂 St Paul's Cathedral

【地址】St Paul's Churchyard, London EC4M 8AD

【地鐵站】St Paul's（見map I2）

【開放時間】週一至週六8:30-16:00開放參觀，週日僅開放做禮拜，不接受民眾參觀。

2.西敏寺 Westminster Abbey

【地址】Westminster Abbey, Parliament Square, London SW1P 3PA

【地鐵站】Westminster（見map E5）

【開放時間】週日不開放參觀，只開放做禮拜。週一、週二、週四、週五9:30-15:30，週三9:30-18:00，週六 9:30-13:30。

【禮拜時間】平日8am、12:30pm、5pm。週六8am、9am及週日。

3.聖瑪格麗特教堂 St. Margaret's Church

【地址】Parliament Square. London. SW1P 3PA

【地鐵站】Westminster（見map E5）

【開放時間】週日14:00-17:00；週一-週五9:30-15:30；週六9:30-13:30

4.西敏大教堂 Westminister Cathedral

【地址】42 Francis Street, London SW1P 1QW（但從Victoria Street進入較方便）

【地鐵站】Victoria（見map D6）

943省錢妙招

以上這些教堂雖然有些要買門票才能進入參觀，但只要參加禮拜就不用收費。不過，做禮拜時請注意禮節，千萬不要在儀式進行時到處走動參觀、東摸西摸甚至拍照，可是很沒禮貌的。

免費聽音樂會的方法

除了博物館、美術館，還有各式音樂活動，在倫敦享受豐富的精神生活是可以完全不花錢的，而且免費表演的水準相當高呢！來到文化之都倫敦，不妨跟著當地人一起培養藝術氣質。此外，最好在出發前1個月上網確認免費音樂會的詳細時間及地點，才不會撲空。以下是943獨家蒐集的倫敦免費音樂會資訊。

南岸中心Southbank Centre（見map G4）

- 【地址】Belvedere Road London, SE1 8XX
- 【地鐵站】Waterloo
- 【網址】ticketing.southbankcentre.co.uk/find/festivals-series/free-events 以及 ticketing.southbankcentre.co.uk/find/free。

南岸中心是倫敦表演藝術重鎮，重量級音樂、戲劇、電影展演中心都集中在這裡，也是許多國際級大師巡迴全世界時的演出之處，包括國家劇院National Theatre、國家電影院National Film Theatre、伊莉莎白女王廳Royal Elizabeth Hall、普塞爾廳Purcell Room、詩人圖書館Poetry Library、海沃藝廊Hayward Gallery、皇家慶典廳Royal Festival Hall等，經常有很多免費的演出。國家劇院的室外表演場地Watch This Space及露天音樂台也有各種表演。

國家劇院不定期在泰晤士河畔舉行一系列免費的表演，從管弦樂團、流行樂手、露天電影到特技表演都能免費觀賞。南岸中心以外的巴比肯中心（Barbican）有時也有免費的爵士音樂會，一般的演出有時也有五、六鎊的折扣票。

國王學院King's College校園旁的伊莉莎白女王廳和普塞爾廳偶爾有免費音樂會，但請保持安靜，不要驚擾到學生。

943省錢妙招

南岸中心周邊有太多表演場所，建議上其網站www.southbankcentre.co.uk搜尋關鍵字「free」，可以找到很多免費的表演資訊。

熱血沸騰的倫敦奧運之旅

2012年倫敦奧運是倫敦史上第三次舉辦奧運，同時倫敦也是世界上舉行奧運次數最多的城市。2012年奧運從7月27日開始到8月12日閉幕。殘障奧運會則從8月29日至9月9日。

東倫敦向來是倫敦失業率最高的區域，英國政府打算趁奧運好好提升東倫敦的居住品質，砸下總經費三分之一強、將近20億英鎊的大筆金額徹底整頓環境，包括河川整治、綠化、淨化工業污染的土壤、清理空中電纜線、九條新捷運及高鐵等，希望藉由奧運的舉辦，讓向來窮困的東倫敦再生，也打造它成為倫敦科技發展重鎮。

倫敦奧運門票都會附送一張倫敦Travelcard，比賽當天可以免費乘坐倫敦所有公共交通工具。奧運期間請盡量避開人潮洶湧的車站，如：Victoria、London Bridge、Waterloo、King's Cross、Stratford、Canary Wharf等站。

倫敦奧運競賽重要展館

展館	競賽項目	鄰近車站
奧林匹克園區 Olympic Park （包含倫敦碗Olympic Stadium）	跳水、游泳、花式游泳、現代五項、籃球、手球、自行車越野賽、曲棍球、田徑、場地自行車。	Stratford
倫敦展覽中心 EXCEL	舉重、柔道、擊劍、跆拳道、桌球、摔跤、拳擊	Royal Victoria
北格林威治競技場 North Greenwich Arena（O2館）	體操、彈床、籃球	地鐵North Greenwich、Charlton火車站
溫布頓網球場	網球	Wimbledon、Southfields
羅德板球場 Lord's Cricket Ground	射箭	St.John's Wood、Maida Vale

展館完整資訊請上倫敦奧運官網查詢：www.london2012.com/games。

免費觀看的4種奧運項目

2012年倫敦奧運有幾個項目是不收門票、免費開放給所有觀眾的，分別是在海德公園舉行的鐵人三項（8/4-8/7）、在白金漢宮前林蔭大道（The Mall）舉行的馬拉松（8/3-8/12、殘奧馬拉松8/31-9/9）、競走（8/3-8/12）及公路自行車賽（7/28-8/1）。其中，公路自行車賽的起點與終點在白金漢宮前廣場，路線涵蓋倫敦西南方的Richmond公園及漢普敦宮等地。

除了奧運賽事，人文薈萃、充滿藝術氣息的倫敦也推出許多精采活動，包括6月初的伊麗莎白女王二世登基60週年慶典，還有6月底開跑到9月初的奧運文化節，總共1000多場各式文化活動，其中許多場次都免費，值得共襄盛舉。

倫敦奧運紀念品上哪裡找？

全倫敦的奧運專賣店可在以下幾處找到，如：希斯洛機場第3、第5航廈，Stansted機場（以上兩處均須過出境海關），聖潘可拉斯國際火車站（Unit 2A）、帕丁頓車站（Unit 29）、金絲雀碼頭Canary Wharf的Jubilee Place購物中心B3、牛津街John Lewis百貨5F，及東倫敦Westfield購物中心內的John Lewis百貨，和外面的英國奧運隊紀念品店。或上網購買，倫敦奧運官方網路商店網址：is.gd/0ZxOcC。

2012倫敦奧運賽事表

註1：★表示初賽、數字表示決賽場數，綠色網底為我國代表隊最有希望奪牌的競賽項目。
註2：詳細賽程表請上倫敦奧運官網，可依競賽項目與展館查詢：www.london2012.com/games。

月份	日期	星期	儀式	網球	射箭	舉重	跆拳道	桌球	田徑	羽球	籃球	拳擊	輕艇	自由車	跳水	馬術	擊劍	曲棍球	足球	體操	手球	柔道	現代五項	划船	帆船	射擊	游泳	水上芭蕾	水球	鐵人三項	排球	角力
7月	25	三																	★													
	26	四																	★													
	27	五	開幕式		★																											
	28	六		★	1	1		★		★	★	★		1		★	1		★	★	★	2		★		2	4				★	
	29	日		★	1	2		★		★	★	★	★	1	1	★	1	★	★	★	★	2		★	★	2	4		★		★	
	30	一		★	★	2		★		★	★	★	★		1	★	1	★		1	★	2		★	★	1	4		★		★	
	31	二		★	★	2		★		★	★	★	1		1	2	1	★	★	1	★	2		★	★	1	4		★		★	
8月	1	三		★	★	2		1		★	★	★	1	2	1		2	★	★	1	★	2		3	★	1	4		★		★	
	2	四		★	1			1		★	★	★	2	2		★	1	★		1	★	2		3	★	1	4		★		★	
	3	五		★	1	2		★	2	1	★	★		2	★	★	1	★	★	1	★	2		4	★	2	4		★		★	
	4	六		2		1		★	5	2	★	★		1	★	★	1	★	★	1	★			4	★	2	4		★	1	★	
	5	日		3		1		★	7	2	★	★		1	1	★	1	★		3	★				2	1		★	★		★	2
	6	一				1		★	5		★	★	★	1	★	1		★	★	3	★				2	2		★	★		★	3
	7	二				1		1	4		★	★	★	3	1	1		★	★	4	★				2			1	★	1	★	2
	8	三					2	1	4		★	★	4	★	★	2		★			★				1				★		1	2
	9	四					2		5		★	3	4	★	1			★	1	★	★				1		1	★	1		1	2
	10	五					2		6		★	★	★	2	★			1	★	★	★				1		1	1	★		★	2
	11	六					2		8		1	5	4	1	1			1	1	1	1		1		1						1	3
	12	日	閉幕式						1		1	5		1						1	1		1						1		1	2

Take the challenge!
10% cheaper or we'll give you the difference. Guaranteed
In Season
sale

用少少錢吃遍倫敦

獨門心法
首次曝光！

在英國怎樣花最少的錢把自己餵飽？

倫敦超值食物全部在這！
讓943的省錢雷達替你做第一手詳盡攻略

如果要943歸納英國飲食的最大省錢利器，那就是「超市特價超划算」和「外帶比餐廳便宜又好吃」。

首先，拜英國人不愛花時間烹調的飲食文化所賜，外帶小店超多！再加上各國移民湧入倫敦，因此各國美食都能在倫敦街上找到「take away」的店，買外帶也是體驗英國生活的入門方式之一！

其次，英國物價雖貴，但物價越貴的國家就越有商家願意下猛藥促銷，打起折來有時甚至比台灣還便宜，想省錢的旅客，到超市挑特價商品買就對了。

自己煮最省

在英國，想花少少錢卻能吃得飽飽，最省錢的方法當然就是自己下廚煮啦！英國人對食物是出了名的不挑食，自己煮，有時還比餐廳煮的好吃呢！

在英國，什麼主食最省錢？

採買食材教戰守策

早餐及午餐帶麵包、吐司或自製三明治最方便也最省錢。晚餐以煮義大利麵最方便，只要有湯鍋就能煮。如果是兩人同行又停留1星期左右，可以考慮買1公斤的小包裝米，如此一來，7、8天內應可吃完。用微波爐也可以煮飯。如果住處只有微波爐可用，當地物美價廉的冷凍食品也有豐富多樣的選擇。

米

一餐一人份大約60g，要算好是否吃得完，如果吃不完，帶著走很重，會造成行李的負擔。在電鍋不普及的英國若想煮飯，微波爐是一個可行的方法。長米（Long grain rice）比較硬，煮之前最好先浸泡一個小時。泰國米較不黏，很多台灣人吃不慣，有種印度米叫Tilda（其實通常是巴基斯坦種的）長得彎彎細細尖尖，如果用對方法煮是滿好吃的，可惜這種米的煮法跟台灣米不太一樣，如果買到這種米，還是交給印度、巴基斯坦人來煮，比較容易煮出好吃的飯來。若長期旅居英國，買米當然比買pasta划算太多了。

義大利麵

義大利麵隨便拌一些醬就很好吃，一包500g的麵約可吃五餐，不需要高明的燒菜技巧也可以煮出一餐。煮熟後麵條會變硬不好吃，不適合帶便當，美食主義者需要借用廚房現煮出好吃的義大利麵，比較不方便。

馬鈴薯

土地貧瘠又陰濕多雨的英國，最豐富的農產品就是馬鈴薯，不過馬鈴薯的烹調屬於麻煩等級，也就是常得削皮、壓泥等等，對不方便攜帶廚具的旅人而言，並不是方便的食材選擇，更不是最便宜的主食選項。

麵包

由於歐洲人的主食是麵包，即使物價稍高，英國麵包的價格和台灣差不多，所以吃麵包也不會太心痛。但要注意的是：麵包隔日就會變得乾乾的、口感不好，不要一次買太多，買1天份即可。Tesco和Sainsbury's超市賣的麵包一個幾十p（100p=1鎊）而已，便宜又好吃。

冷凍食品

在英國超市都有一個專區叫prepared food，專門餵飽那些對下廚一竅不通的懶人。從炸魚排、漢堡肉、現成牛排、薯條、披薩、義大利麵、印度咖哩飯、泰式雞肉飯、中式炒飯、冷凍蔬菜到甜點，例如布丁、各種甜派等都有。

在台灣到處都吃得到小吃，可能覺得冷凍食品不好吃，但在農產品種類貧乏的英國，冷凍食品的市場非常龐大。而且經過多年來激烈的市場競爭，只要是有牌子的產品，基本上品質都不差，口感也不錯。

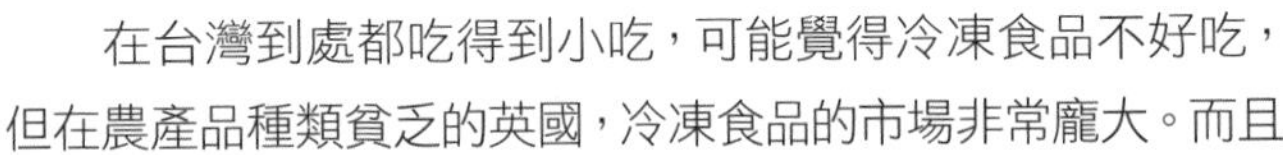

拜英國在海外曾有眾多殖民地之賜，現今多民族的英國，連冷凍食品的種類也相當多樣化，有披薩、印度咖哩飯、泰式炒飯、中式炒飯炒麵。相較於街上動輒7、8鎊起跳的餐廳美食，Iceland超市裡兩包1鎊的咖哩飯真是背包客的福音！對於出門在外的旅人而言，冷凍食品也是在短暫旅途中填飽肚子的一大便利選擇。

蔬果

英國的天氣陰濕，土壤又不肥沃，除了馬鈴薯、蘋果之類的蔬果以外，絕大多數的蔬菜都仰賴進口，因此在英國買蔬菜可不便宜，除了洋蔥和紅蘿蔔，隨便幾根豆子或少少幾朵花椰菜也要將近台幣100元，或是幾片葉子就要價1英鎊。若只是到英國短期

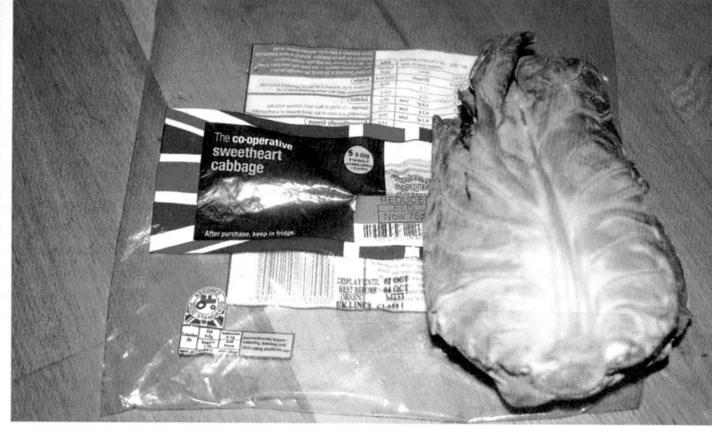

● 左. 這種和高麗菜相似度95%卻很難吃，千萬不要上當了。
● 右. 在英國若想吃高麗菜，買sweetheart cabbage才能吃到類似口感。
● 左下. ASDA超市一支大雞腿不到10元台幣，是非常划算的肉類選擇。

旅行，不必堅持非要吃葉菜類不可，根莖類的洋蔥和紅蘿蔔好洗又好切，價格有時還比台灣便宜，反而是不錯的選擇。

英國最便宜的水果應該就是蘋果了，幾乎家家戶戶都有蘋果樹，再來是柑橘類和西洋梨。英國也有賣荔枝、鳳梨、芒果之類的熱帶水果，不過通常都貴得離譜，賣相也差，有些荔枝甚至還是論顆賣的。除非在英國旅居很久，否則大可不必花冤枉錢在英國買又貴又小又難吃的熱帶水果，回台灣再大快朵頤吧！

很多台灣留英學生都曾上過「偽高麗菜」的當，943也不例外，超市裡有種名叫white cabbage的菜，需要仔細分辨才能看出菜葉稍厚，外表看起來與正港高麗菜有95%的相似度，但事實上卻是炒起來超苦、只適合切絲冷食做沙拉的冒牌高麗菜！若在英國懷念熱炒高麗菜的滋味，可以挑另一種名為sweetheart cabbage的蔬菜，外型是小小而尖頭的形狀，口感比較接近高麗菜心。

肉類、魚類：

943強烈推薦到英國超市買雞腿最划算，因為英國人喜歡雞胸肉而不愛雞腿（有些英國人說是因為雞腿屬於紅肉，一說則是英國人不喜歡吃帶骨的肉類），因此雞腿的價格比台灣低很多，ASDA冷凍雞腿甚至可以有一大塊約台幣8元的雞大腿肉，非常划算。

一般而言，冷凍區的肉類會比生鮮區便宜很多，若想省錢就要買冷凍肉類。請注意在減價區有很多生鮮肉類，其中不少是被顧客拿了卻反悔、隨便放置在非冷藏區的肉品或奶類產品，不知離開冷藏多久，減價的幅度也頂多只有30～50p，實在不值得冒險購買。尤其是包裝已經鼓起來的肉品，表示正在變壞而產生氣體，若吃壞肚子實在划不來。

在英國生活時，943都是買牛肉配洋蔥取代豬肉來煮，才不會有怪怪的味道，因為英國豬肉沒有經過閹割，所以常有股味道，尤其是ASDA超市賣的豬肉往往沒放血，千萬別碰！其他超市如Waitrose的豬肉味道沒那麼重，而Sainsbury's 超市的生鮮肉類若沒有冷凍不太耐放，必須立刻煮熟才不會變味。

根據943嚐過歐洲各國香腸後的心得是：除了西班牙、葡萄牙和義大利的香腸以外，其他國家的香腸都沒有比台灣的香腸好吃，建議大家可以不必浪費金錢嘗鮮。

至於海鮮，英國雖然四面環海，但也許因為氣候太冷，漁業不發達，除了進口鱈魚以外，海鮮種類明顯比鄰近的法國、西班牙還少得多，價格也貴上不少。在英國超市中，價格比較親民的應該是類似孔雀蛤的淡菜。

奶製品

牛奶比台灣還便宜，而且沒有摻一大堆奶油、奶粉增加濃稠口感。優格和起司比台灣便宜很多，喜歡品嘗乳酪的人，可以在超市熟食區請店員切一小塊試吃後再買，比較不會踩到地雷。

傳統市集，什麼都能賣1鎊

在倫敦買菜，可不是只有超市可以逛，倫敦的傳統市集也有便宜貨可撿。例如Bakerloo Line上的Edgware Road地鐵站旁有個Church Street Market，就是典型的倫敦傳統市集，好多蔬果攤都是一盆一盆的擺著，一盆只要1英鎊，超級划算。例如：7顆柳丁、5個番茄、6個蘋果、6個紅柿、7顆西洋梨、8根香蕉、12個橘子、10顆檸檬、10條大紅蘿蔔、6顆洋蔥，都是一盆1鎊。不只蔬菜、水果，從洗髮精、生活日用品到衣服，統統都有一件1鎊的跳樓大拍賣。

另外，倫敦的背包客大本營Earl's Court站、國王十字車站、Angel站和Morning Crescent站附近的傳統市場、黃昏市場和中東印巴雜貨店，也可以找到一盆有好幾個的物美價廉蔬果。

這個傳統市場還不是倫敦最便宜的，在印度、巴基斯坦移民群聚的社區，例如地鐵區域線District Line上的Becontree至Upton Park站，可說是全倫敦物價最低的地區。這個區域的Queen's Market，1鎊甚至可以買到20個梨子，如果用Travel card搭到飽，倒是可以在不多花車費的情況下前去挖寶。

不只生鮮食品，倫敦傳統市場還有新成衣跳樓大拍賣，一件只要1英鎊，吸引了好多人搶購。

一盆1鎊！

在英國的傳統市集買水果要注意！水果不可以拿起來亂摸亂捏，拿了多半就是要買了，和台灣不一樣喔！由於英國水果不便宜，拿起來看一看甚至捏一捏放回去的話，老闆可是會生氣的！

英國平價超市大閱兵

超市特價商品是背包客的好朋友！

想要用極短時間一窺英國社會與台灣的文化差異，各家超市是最好的所在。英國的超市不但歷史悠久（不少老字號成立至今已有百年光陰）、規模大得驚人（例如一些超市旗下還有加油站）、極為注重企業的社會責任（環保、有機、低碳、人權、動物權等）、同業更是競爭激烈，價格戰不但砍到刀刀見骨，尤其是各家超市推出的自有品牌商品更是便宜又大碗！

英國每一家超市的網站都可以查詢最近的門市資訊，只要輸入住處的郵遞區號（有兩串英文字母加數字），就能找到住處附近門市的具體位置及營業時間。以下是943在英國各超市中研究出來的省錢心法：

TESCO

便宜度★★★★☆ 品質★★★★☆ 門市普及度★★★★★

Tesco是英國市場佔有率最高的超市，曾有研究指出英國人平均每花費11英鎊，就有1鎊是在Tesco消費，可見這家超市在英國的聲勢有多麼驚人了！尤其在倫敦比較繁忙的街道都很容易發現他們的店面。

Tesco目前正在跟同業ASDA爭奪「全英最便宜超市」的頭銜，因此打起折來降價也降得兇，尤其是三不五時就出清存貨，推出買一送一或半價的優惠，943建議挑選有特價、有牌子的東西買，就能用超值的價格買到品質不錯的產品。比方說，Tesco常將知名披薩連鎖店Pizza Express賣的冷凍披薩半價出售，只要2鎊就能買到一塊大披薩，比到店裡吃節省好幾倍的花費。若真的只想吃飽，Tesco自製巴掌大的陽春番茄起司小披薩，也有買三個總共不到2鎊的超低價，或者罐頭義大利麵（孤懸海上的英國由於二次大戰屢屢面對斷糧危機，因此罐頭技術非常發達）一罐含番茄醬汁才15p，Tesco自製Value系列的口感還OK，不過這種罐頭食品雖然便宜，卻缺少維生素和纖維質，可別天天吃。英國很多罐頭並沒有做成易開罐，最好考慮住處是否借得到開罐器的問題。

另外，Tesco自有品牌商品的品質也不壞，價格更是便宜得直逼台灣的物價水準，

> **943省錢妙招**
> 專門提供免費Tesco折價券下載和優惠碼的網站：
> tescovouchercodes.blogspot.com
> www.shoppingcodes.co.uk/tesco_voucher_codes.asp

如茶包一盒80入才27p。Tesco自家出產的麵包也是便宜早餐的好選項，例如：外面撒上糖霜、裡面填滿果醬或卡士達醬的多拿滋5個一袋，買兩袋才一鎊，也就是平均每個多拿滋只要大約台幣5塊錢！口感又比ASDA好，當早餐真的很划算。門市普及的Tesco一旦折扣起來，是比ASDA更划算的，雖然有些東西的單價比ASDA高，不過除以重量，有時還比ASDA便宜呢！

Tesco超市有的大到連家具都賣，這種超大賣場叫做Tesco Extra，中型的Tesco metro賣的大部分是都會居民常買的東西，而最小的則是Tesco Express，規模相當於超商，但還是會有一個小角落賣一些熱門的生鮮蔬果和麵包，甚至連藥妝店裡的個人藥品也可以買得到。Tesco自有品牌商品有超低價的Value系列，也有品質最好但價格較貴的finest系列。

若到英國打工度假或唸書，943要跟大家分享在Tesco買東西的秘招，那就是：上網買常常會比到店裡買還要便宜！只要選擇運費較低的時段，例如星期二、星期三晚上，再利用網路上的Tesco折價券、Discount code，甚至免運費的Free Delivery Voucher，可省下不少錢！

ASDA

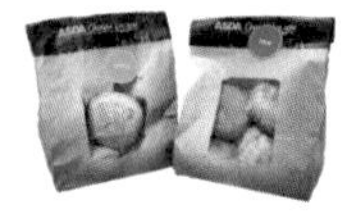

便宜度★★★★★ 品質★★★☆☆ 門市普及度★★☆☆☆

可說是英國最低價的超市，也是美國wall-mart在英國的關係企業，不用特價就便宜得嚇人，常有比台灣還低價的東西。尤其是自家商品，根據943多次購買的經驗，ASDA自製商品除了豬肉製品、醬料類（HEINZ牌的才好吃）、罐頭類（魚罐頭還不壞）別碰以外，其他品質都還可以，不會到難吃的地步，有些品質甚至還不錯。

ASDA賣場多半分布在郊區，除了位在Zone2格林威治Crossharbour捷運站旁那間規模很大的賣場外，其他門市交通不是很方便。不過若住處附近有ASDA，這是相當適合血拚的地方，很多自家商品甚至比台灣還便宜。尤其是ASDA自家商品的Smart Price系列，說是全英國最便宜，當之無愧。

ASDA究竟有多便宜呢？到英國必買的TWININGS（唐寧茶），在ASDA只賣1.08鎊，三盒2.5鎊，買紀念品到這血拼就對了。若要解決民生問題，這裡也是最低廉的選擇，以下這些生鮮蔬果平時統統只要1英鎊：

蘋果一袋8到10個，橘子6、7個，10個李子、西班牙進口紅柿3個、馬鈴薯2.5公斤、冷凍雞腿1公斤（約6塊雞大腿肉）、綜合維他命70錠……不要懷疑！以上每一樣東西全部只要1鎊，而最便宜的洋蔥1公斤只要80p而已。熟食攤部分，德國豬腳大支又不貴，烤好的棒棒腿五支2鎊，烤半雞也只要2.5鎊，買回去當配菜，為什麼還要花3鎊買冷冰冰的三明治呢？還有，Häagen-Dazs冰淇淋，500ml特價時竟然一桶只賣2鎊！比台灣便宜多了。

站在ASDA門口，可以看到絡繹不絕的亞洲學生帶著興奮期待的心情，臉上掛著滿足的笑容、手上大包小包的走出店門。ASDA真是留學生的生活寄託啊！

當然ASDA既然有強項，也會有弱點，根據943的經驗，他們賣的豬肉味道比較重，煮出來的味道令人難以下嚥，建議改買牛肉代替豬肉。至於麵包類，ASDA的麵包口感普普，雖然只比Sainsbury's超市便宜零點幾p，但不如Sainsbury's超市的用料好。

943私房推薦的必敗物是中東椰棗（date），它有「中東威而剛」之稱，也是當地婦女產後補身的食物。在台灣算是珍貴進口食品，價格不便宜，但是在中東移民很多的英國可以輕易在超市買到。椰棗在ASDA賣得很便宜，一鎊可以買到300克的分量，但請注意椰棗不能帶回台灣海關，必須盡快吃完才行。

此外，943認為ASDA最划算的必買食物還有一袋1鎊的蘋果、唐寧茶和熟食區的烤雞腿或烤雞。

Sainsbury's

便宜度★★★☆☆ 品質★★★★☆ 門市普及度★★★★☆

Sainsbury's超市的歷史已經將近150年了，從一家小雜貨店開始創業，至今在全英國各地都不難找到Sainsbury's超市的蹤影。Sainsbury's超市最大的利多就是打烊前的大減價，由於他們奉行不賣隔夜食物的原則，因此每天都會在晚上某個時候，將自製熟食和麵包類產品賤價出清，時間由店長視狀況而定。打折後的東西有多便宜呢？通常冷藏櫃中

的即食都打5折左右，原本1～3鎊的青菜則可以降到50p以下，肉類也可到半價之譜。只要是鮮黃色標籤上面有Reduced和Now字樣的，就是減價後的新價格。

943建議最完美的方式是前一天關門前搶到半價熟食，然後在第二天出門前加熱，中午時當午餐吃完。若一定得買冷藏櫃裡的冰三明治來吃，建議早上11點盡快去買meal deal組合。Meal deal是各大超市推出的三明治特惠組合，也就是冷藏架上任選Meal Deal名單中的主餐（三明治、壽司、沙拉或通心粉任選一）+零食（小包洋芋片或巧克力棒或切片水果）+飲料（礦泉水、可樂、瓶裝果汁）的組合總共只要2、3鎊，甚至更少。甚至連Boots都有賣。想要挑這種特價組合就要早點去搶，因為英國人也很聰明，大家都挑最貴的三明治組合，若手腳太慢，就只剩下1鎊多、沒什麼料的廉價三明治了。

如果想在Sainsbury's超市撿便宜貨，他們自家品牌最便宜的就是Basic系列，產品標籤上只要有Basic字樣的就是了。其次則是中等價位的Classic系列。品質最好的自家產品則是SO有機系列及Taste the Difference系列，例如：Taste the Difference系列的巧克力餅乾非常好吃，夠濃夠香又夠酥，完全不輸有牌子卻價格不菲的巧克力餅乾！由於Sainsbury's超市有令店家相當自豪的烘焙廚房，因此麵包糕餅類也是英國超市中最好吃的，無論是架上陳列的現烤成品或是已經封裝好的麵包都是如此。

至於Sainsbury's超市的水果，雖然不如ASDA便宜，但1鎊也買得到8顆小蘋果或7個西洋梨，如果找不到1鎊一籃10個蘋果的傳統市場，到Sainsbury's超市也可以買到便宜的水果。而他們自有品牌Basic系列的咖哩醬汁Curry Sauce，一整罐也才25p，配飯或義大利麵都很便宜，再來份半成品的熟食當配菜即可搞定一餐。

總之，在Sainsbury's超市，買超市自家商品比生鮮划算，尤其是麵包，雖然肉品會有特價，但並不是很耐放。若是買到不滿意的東西，Sainsbury's超市只限貨品在包裝完整的狀況下才能退貨。

Mark&Spencers

便宜度★★☆☆☆ 品質★★★★★ 門市普及度★★★★☆

M&S百貨曾在數年前來台開店，可惜沒有引發風潮。在英國，M&S百貨的超市可是高級美食的代表，價格也是令省錢一族裹足不前。不過，各大車站或人潮密集之處會有M&S只賣外食的門市，叫Simply Food，裡面大部分都是一些即食食物，雖然價格不菲，可是10鎊的兩人套餐頗划算，請見後面有關外食的介紹。

Waitrose

便宜度★★☆☆☆ 品質★★★★★ 門市普及度★★☆☆☆

Waitrose和M&S百貨的品質可說是英國最高檔、屬於貴婦等級的超市，無論是蔬果或肉品的品質都很好，當然價格也是最高的。不過既然品質最高級，降價時當然也就最物超所值，也就是用一～二星的價格也可以買到五星的品質。Waitrose每天關門前1、2個小時開始超低特價，這時絕對不要手軟，看到東西就先拿著別離手，因為一些生意好的門市一到減價時段就會湧入超多人，尤其是人多的門市或是假日，只要是貼上REDUCED標籤的食物，顧客幾乎都是用搶的。通常都是從即食區的冷藏櫃開始特價，假日則是下午3點左右推出關門前1小時限時特價，晚了就沒了。Waitrose的即期品也在特價之列，兩天後就要過期的食物是清倉重點，通常都是超級低價，例如25p一包6片HOVIS牌鬆餅、19p兩大棵新鮮花椰菜等。

Waitrose自家商品essential系列，不會比其他超市貴多少，但是用料和品質都比較高級，當然也比較好吃。例如：英國著名甜點司康Scone，在Waitrose 6個只賣不到1鎊，滿划算的。

和M&S一樣，Waitrose也推出了兩人套餐的組合，主餐+沙拉或前菜+甜點+一瓶酒，兩人的分量總共只要10鎊。

● 特價數次，關門前降到19p，相當於不到台幣10元的涼拌蘑菇前菜，用一枚20p銅板就能買到，很好吃呢！

Iceland

便宜度★★★★★ 品質★★★☆☆ 門市普及度★★☆☆☆

顧名思義，這家名稱聽起來冰天雪地的超市正是專門賣冷凍食物，前面提過英國的冷凍食物種類繁多，各種想得到的熟食、歐亞各國美食甜點都有，價格非常便宜。以火腿片而言，M&S或Waitrose超市賣的是170公克2鎊多，但Iceland的火腿片卻是400公克只要2鎊，也就是說相同的價格，在Iceland可以買到兩倍以上的分量，非常划算。雖然沒有網路購物，但是買超過25磅可以送貨到家。

Morrisons

便宜度★★☆☆☆ 品質★★★☆☆ 門市普及度★☆☆☆☆

店面的普及不如Tesco和Sainsbury's超市，但蔬果類滿新鮮便宜的，是Morrisons的強項。也有超市自家商品，長期有各種商品的促銷活動，例如買一送一（buy one get one free），週末常會有大減價，熟食、蔬果都不貴，甜點不錯又便宜。

ALDI

便宜度★★★★☆ 品質★★☆☆☆ 門市普及度★★☆☆☆

德國有名的低價超市，在歐洲很多國家都看得到，但通常都位在比較郊區的地方。店內有很多便宜的商品，不過可能他們保存食物的方式出了問題，不但麵包甜點、蛋奶類都很容易壞，蔬菜、水果也不太耐放，若是在這裡買的食物，要盡早吃完，別放超過一天。購物袋不是免費供應而是要用買的。

Lidl

便宜度★★★★☆ 品質★★☆☆☆ 門市普及度★★☆☆☆

Lidl超市的門市雖少，但是很便宜，例如自家製的冷凍麵包不難吃。他們不像一般超市有貨架，而是直接把進貨的紙箱堆疊起來陳列，節省了上架的人力，難怪可以這麼便宜。他們也不像英國一般超市無限制供應免費塑膠袋，上Lidl購物可得自備購物袋，他們甚至連購物籃都不提供，真是超極簡又環保，購物車還要投幣才能使用呢。

Costcutter

便宜度★★★★☆ 品質★★☆☆☆ 門市普及度★★★☆☆

比較像台灣的雜貨店，生鮮類通常只在比較小的冰櫃中出現，品項種類當然也不多。多半分布在住宅區附近的商店街，大多數是印巴或中東移民經營，所以勤奮的老闆們會開得很晚，即使大半夜也買得到零食。

Co-operative

便宜度★★★★☆ 品質★★☆☆☆ 門市普及度★★★☆☆

英國人簡稱這家為Coop，門市不是很多，也是一家走低價路線的超市。除了賣生鮮商品外，也有賣相當便宜的熟食，雖然便宜貨不算少，但還是要挑一下品質。

Pound shop（Poundland、99p store…）

便宜度★★★★★ 品質★★★☆☆ 門市普及度★★★☆☆

台灣有10元商店、日本有百元商店，英國當然也有1鎊商店囉！只是英國通常的Pound shop 1鎊店，不像台灣只買得到雜貨五金之類的東西，1鎊店內統統都賣1英鎊的東西，不只是用的，還有吃的呢！

這種店有很多不同公司經營，主要是Poundland、99p store、Poundstretcher等，都是連鎖店，規模就像小型超市，在社區購物中心裡面幾乎都找得到。從吃的喝的、冷凍食品、寵物用品、書籍文具、DVD、五金百貨、3C零件、零碼服飾、英國製維他命，甚至大牌子的洗髮精，統統只要1英鎊，比台灣還便宜。甚至還有更低價的，例如3個2鎊、3個1鎊的商品。但1鎊店品質有好有壞，建議買有牌子的東西最划算，品質也比較有保障，例如別間超市賣一盒2鎊的茶和英國餅乾，在這邊只賣1英鎊。這些有牌子的日用品，通常都是季節出清或整批切貨（A分店的貨，B分店不一定有賣），才能用一星的價格買到四星、五星品質的東西。生鮮類和熟食倒不建議，因為品質不如有牌商品優質。

這種店很受到英國消費者的歡迎，尤其是Poundland更是常常人滿為患。

亞洲商店

便宜度★★★☆☆ 品質★★★☆☆ 門市普及度★★★☆☆

在滿街都是移民的英國，當然也有各種針對各國思鄉遊子而開的商店，例如：專賣日韓商品的小超市、華人超商、印巴商店，甚至還有泰國等東南亞雜貨店。這些亞洲商店都有賣少許生鮮蔬果、冷凍肉品及各種進口食物，對亞洲留學生而言可是生活必需品，不過限於運費成本，這些商店的價格都不是最低價，因此943建議，若不是留學生或打工度假思鄉情切、或一天都不能缺少家鄉味的話，不必在亞洲商店花費太多預算。

上哪兒買最好？

雖然ASDA和Iceland是英國最便宜的超市，不過大多距離住宅區一段距離，專程搭車去買當然不划算。因此如果住處附近沒有這兩家超市，門市分布相當密集的Tesco也是很好的選擇，Tesco一旦打起折來，降價幅度很大，有時比ASDA還便宜！Tesco的折扣不是每天限定時段優惠，而是不定期降價出清存貨，專挑買一送一或半價品下手，也能買到相當超值的食物。

M&S和Waitrose超市的10鎊兩人套餐外帶組合比上餐廳吃划算不少，也比在地雷餐廳吃到難吃食物的機率小得多。

總之，精打細算的老倫敦們多半都是到超市挑特價品買、蔬果和肉類有時到傳統市場或印巴商店，再到華人商店買米和台灣調味料等食品，交互搭配，就很好過日子了。

● 左.T左esco自家品牌冷凍香腸捲特價時只要大約台幣36元。● 中.Half Price或1/2 price：半價。● 右.buy one get one free：買一送一。

英國超市撿便宜聰明3招

1.**超市自有品牌商品好便宜**：在台灣，或許有些人對超市自家白牌商品的品質不敢恭維，但在英國，超市自家商品卻是不少民眾的最愛。超市會要求廠商以成本價替他們製作產品以增加低價口碑，配合的廠商才可以上架，如此一來，知名大廠製造的商品卻掛上超市的自家品牌，替超市省下了行銷費用，消費者的荷包也不必大失血，943建議大家到英國旅行一定要好好利用超市自家商品來省錢。例如Tesco超市的Value系列、ASDA的Smart Price系列（但請避開醬料類）、Sainsbury's 超市的Basic系列等，都是最低價而品質還OK的產品。

2.**打折促銷最划算**：前述超市白牌商品大多可以1星價格買到2星或3星品質，但最超值的還是超市三不五時推出的出清存貨促銷，例如買一送一，這樣可用1～2星價格買到4～5星品質，更加划算！尤其是常特價的Tesco超市，類似這種標籤都是獵取的好目標。**其他促銷方式有：**

- **3 for 2：買三樣東西只算最高價的兩樣商品價格，最便宜的商品免費。其實就是買二送一啦！**
- **Extra 50% Free：加量50%不加價。**
- **Buy 1 get 2nd half price：第二件五折。**

3.**減價時段大作戰**：英國對食品安全相當重視，三明治、微波食品等鮮食類當天必須售完，因此只要記住每間超市每日的特價時間，就能用超低出清價撿到便宜。

- **Sainsbury's超市每天約晚上6點以後開始特價、店員會打上新標價。**
- **Waitrose則是關門前1小時開始特價，假日時結束營業的時間較早，大約下午3點半就開始特價了。Waitrose超市的價格和品質都比較高，但是特價起來也超便宜，尤其是超市自家食品，例如冷藏區的三明治和點心等，有很多都從2、3鎊特價到只剩不到1英鎊的。**

● 三個1鎊。

943省錢妙招

很好用的超市比價網站：
mysupermarket.co.uk

若在倫敦的住處附近有好幾家超市，或是想大量採買時，可先上網用這個超市比價網站找出最便宜的超市。不過這種比價網站畢竟不是官方網站，比價出來的價格不一定最即時，建議大家還是要連到各超市的網站確認官方價格為準。還有，這些比價網站是沒有將運費納入比較的，如果想使用超市送貨服務的話，還是要自己敲敲計算機喔！

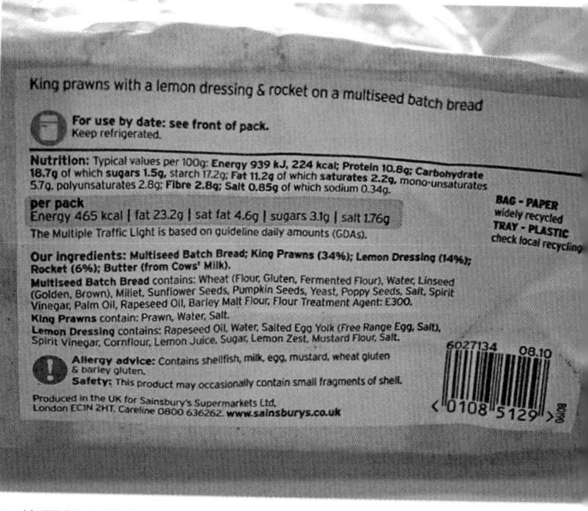

● 英國對食物安全要求很嚴格，連過敏成分與回收與否都得標明，即使是便宜食物也較令人安心。

英國超市好吃食物看過來！

這些東西好吃又不貴，看到特價就可以買來吃吃看！

麥維他的鬆餅，很好吃。

台灣也有賣的麥維他消化餅。

Sondey牌及Bahlsen 牌巧克力餅乾，半價促銷時一盒約$30～40NT。還有Tesco自家牛油餅乾。

做墨西哥捲餅炒內餡的香料，943常拿來炒碎肉，配飯吃也很棒。

Sainsbury's 超市自家巧克力餅乾。

Mars巧克力。

獨門 英國比台灣便宜的食物！專挑這些下手就夠吃了！

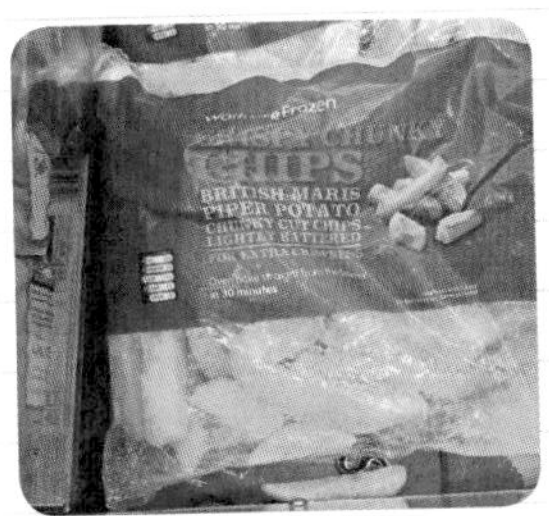

冷凍薯條。約1公斤28元台幣。

義大利麵。

羊肉、雞腿、豬牛部位、魚頭（傳統市場、屠宰店、亞洲超市或魚店）。

Häagen-Dazs冰淇淋X一桶2鎊。

歐洲有種的水果，或中南美進口的香蕉。

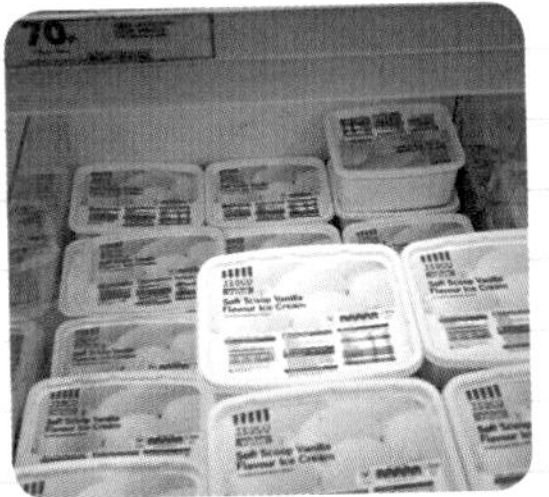

冰品。

牛奶。

蛋糕、麵包、甜點、餅乾類低價者。

奶製品（優格、起司等）。

英國雖是以物價高昂出名的國家，但為了促銷，常有「反其道而行」的超低價應運而生，因此在英國「一分錢一分貨」並非鐵律，選擇特價後1～2鎊的商品，往往可以買到原價4～5鎊的品質。尤其一些英國的大超市嚴格遵守「當天產品、當天賣完」的原則，因此關店前的特價，無論是降價幅度或被搶購一空的速度都是很驚人的，有些食物甚至可以用比在台灣買更便宜的價格買到，只要遵守這個原則，在英國可以花小錢卻能吃得不差。

省飲料費

在英國最省飲料費的方式當然就是喝水，英國的自來水可以生飲，不過水質屬於硬水，建議過濾一下比較好喝。超市有賣水但不貴，最省錢的方式是用住宿處的濾水器，出門前在水壺中裝水，就能喝一整天。

若一定要喝有味道的飲料，不如學英國人買濃縮果汁，自己以1比5的倍率稀釋裝入水壺，超市就有賣濃縮果汁，1.25L才2鎊，稀釋五倍可以喝好久，也可以喝到很好喝的果汁。推薦ROBINSONS牌的葡萄口味，有皇家標章表示該品牌也是皇室愛用商品。

自己煮最划算

若想吃得便宜又大碗，最節省的方式是自己煮，或買超市冷凍食品或半成品自行加熱，每餐約1～2鎊即可。學英國人自己夾三明治也能吃飽。

免油炸免沾手的懶人烤雞：英國人不愛吃雞腿，因此英國的雞腿都賣得超便宜，雞翅也不貴，943在英國唸書時，都是把雞腿或雞翅直接丟入放了香料的乾淨塑膠袋中冷凍並入味，取出放入烤箱用250度C烤20分鐘，雞皮內的油脂會讓麵包粉產生類似油炸的效果，就是免油、免炸又免沾手的香酥雞腿或雞翅了。香料可用烤肉醬或咖哩粉等替換。雞翅也可以用醬油、糖和蒜末醃1小時後，不密封加蓋微波，很香、很好吃。

炒羊肉：喜歡吃羊肉的人有福囉！台灣的羊肉很貴，也不是每間超市都買得到，但在英國的ASDA卻能用2.5鎊買到500克羊絞肉，用老薑片翻炒，味道超香！

微波爐煮飯：一餐份的米大約60公克，大胃王可算90公克，以米和水=1:2的比例，微波大火15分鐘，要加個蓋不緊的蓋子（通常可以用盤子蓋著，但不要緊閉以免爆炸），選用深一點的容器。此外微波煮飯時，水會因熱脹冷縮的原理而溢出，因此最好在容器下方墊一個較寬深度超過2公分的盤子接住外溢的水，才不會把微波爐弄到

淹水甚至故障。若放米的微波容器太淺，加熱時水分會大量溢出，破壞米與水的比例，會讓飯的口感過乾。

義大利麵：英國超市的義大利麵都賣得不貴，一包500公克的義大利麵大約可煮五餐。英國超市有各式各樣拿來拌義大利麵的醬汁，或者直接拿番茄鯖魚罐頭或鮪魚罐頭來搭配也很好，大約50元台幣就能煮出一份義大利麵，再加個生菜沙拉就OK了。懶得煮飯的人，超市自有品牌商品甚至有一罐10p以下的罐頭義大利麵，味道差強人意。不過還是要注重營養均衡，不能天天只吃這樣，記得攝取蔬菜水果和蛋白質！而同樣是義大利麵：

到餐廳點 10鎊 （不一定好吃）	買超商微波餐盒 3鎊 （口味OK）	買超市冷凍食品 2鎊 （口味OK）	勝 自己煮 1鎊 （好吃又便宜）

以下是943親嚐英國各路食物後，整理歸納出來的英國飽食祕笈，想要吃得「便宜又大碗」，就來看看這張943精心整理的速見表吧！

0冒險！一份表格迅速弄通「英國食物划算度」
自己煮：1～3鎊就可以搞定一餐

味道不錯	勝 超市買一送一或 半價的有牌商品 （1～2星價格買4星品質）	Waitrose關店前特價商品 （1～2星價格買4星品質） Sainsbury's 超市 關店前特價商品 勝	雜貨店或傳統市集 一盆1鎊的水果 ASDA超市的水果 勝
不壞	超市自家商品 （1星價格買3星品質）	超市冷凍食品 ASDA烤雞、德國豬腳	超市熟食區的雞腿 40～50p Tesco及Sainsbury's 超市的麵包
普普	ASDA自家商品 （1星價格買2星品質）		
↑美味度	需自炊	需加熱	加菜用即食

英國外食怎麼吃最划算？

由於英國人不像台灣人那麼注重烹飪，滿街外食店林立，若不想下廚、或住宿的地方不方便開伙，外食也很便利。英國的食物超多元，從英式炸魚炸薯條、義大利披薩、中東沙威馬到印度咖哩、中國菜、日韓料理等，只要花3～4鎊就能解決一餐。若想吃得豐盛些，不一定要花10鎊以上到昂貴的餐廳消費，亞洲餐廳和外帶都是比較划算的選擇。

餐廳級美食，兩人只要10鎊

若想吃得更豐盛，餐廳級美食也能搬回家！M&S百貨為了在物價高昂、超市又競爭激烈的英國殺出一條血路，出奇致勝地用一個新點子DINE IN FOR TWO，創造了令同業爭相模仿的新商機，那就是非常划算的餐盒套餐——10鎊的超值兩人組合。平均一個人只要5鎊，卻可以吃到餐廳等級，包含前菜、主菜、甜點和紅酒或白酒的全餐！

可別以為超市賣的現成食物沒啥好吃，M&S和Waitrose超市賣的可是全英國公認品質高的好貨，從高檔品質的超市買現成的餐盒回家，常常比花2倍價格在滿街地雷的餐廳或咖啡店吃到的還好

● Waitrose Dinner for 2的主餐「南非霹靂烤雞」。圖片由Waitrose提供。

吃，還不必付令人心痛的高額小費和開瓶費！說穿了，就是省下替倫敦高得嚇人的人事費用，不當冤大頭，聰明省錢吃西餐，也比自己上超市採買還便宜，非常適合想花小錢體驗異國美食的小情侶或雙人組！

當然，這種套餐的組合也是非常彈性的，除了主餐有烤雞、蜜汁烤豬排、鮭魚排、香蒜奶油淡菜、義大利千層麵……甚至素食的選項，前菜也有凱薩沙拉、鮮蔬沙拉、香草烤馬鈴薯等菜色可挑選。至於甜點，則有水果塔、布丁、蘋果派、起司蛋糕和水果可以選擇，酒類有紅酒和白酒可以任君挑選，若不想喝酒，也可以換成柳橙汁或氣泡果汁，分量足以讓兩人吃飽沒問題。

如果是一個人旅行，但是喜歡享受多種美食，也可以自己買義大利麵回去煮，再將這些套餐的菜色當成好幾餐的配菜一一品嘗，把上一次餐廳的預算變成好幾餐美食喔！

在英國輕鬆花350元吃9餐！一張表讓你花最少吃飽！

在英國也能用7鎊吃飽喝足過9餐？而且不是餐餐煮白麵？當然可能，而且是天天都買得到的特價。請看943精心設計超值伙食菜單（住處有微波爐及冰箱即可）。

英國物價雖貴，但實在不必委屈自己天天吃白麵包，只要每天在打烊前去貴婦級超市Waitrose即食區搶購關門清倉品，沙拉、熟食、點心、三明治任選，用買白麵包的50p吃到有錢人吃的美食，何樂而不為？

● 例如Waitrose的迷迭香蒜烤馬鈴薯等沙拉會特價至一盒19p，幾近台幣10元。圖片版權屬Waitrose。

9餐吃飽飽只花350NT！

第一天

早餐

Tesco甜甜圈2袋1鎊，今天吃第1袋（50p）。

午餐

ASDA等超市熟食攤雞腿1支50p+水果一籃1鎊+Tesco或Sainsbury's 超市麵包（50p）

晚餐

Waitrose關門特價食物或超市冷凍炒飯或麵1鎊買一送一（50p）。

● 圖片版權屬Waitrose。

第二天

早餐

昨天買的甜甜圈第2袋（50p）。

午餐

早上出門前加熱昨晚買的1鎊買一送一冷凍食品第2份（50p）。

• 圖片版權屬Waitrose。

晚餐

Waitrose超市關門特價1.5鎊買一送一（例如冷凍披薩）（75p）。

• 圖片版權屬Waitrose。

【備註】本日記得到超市關門前採買明日午餐，如Waitrose即食冷藏區

第三天

早餐

昨天買的超市關門特價品50p。

午餐

昨天買的超市關門特價品共1鎊。

晚餐

昨天買的超市特價1.5鎊買一送一第2份（75p）。

• 圖片版權屬Waitrose。

【備註】1.虛線框框表示為同一批購買的食物。第一天買的一袋水果可每餐吃一個。2.Tesco最常買一送一，Waitrose每天都有關門特價。1鎊一大塊的知名品牌披薩也很多。

如果沒有微波爐，英國也有很多外帶選擇

三明治店

請注意，無論是超市架上或三明治店裡賣的三明治，全都是冷的，大多每個2～4鎊。由於食物很容易在寒冬中變涼，所以英國人早就習慣吃冷食，可不像台灣的超商還有微波爐可以加熱。超市特價的三明治特惠組合也是搭配冷飲，多數台灣人不習慣在夏天不夠熱的英國吃冰三明治配冰飲料，因此943建議還不如買熟食攤烤雞或其他食物，分量較多又是熱食。

● 英國人習慣午餐吃三明治，因此大街小巷都有很多連鎖三明治店，價格比超市賣的三明治稍貴些，三明治都放在冷藏櫃中，但沒有微波爐可以加熱。

PRET A MANGER：英國三明治店「PRET A MANGER」的名字其實是法文，發音為「派特蒙樹」，原意為「ready to eat」，英國人通常都簡稱它Pret。雖然英國人常光顧這家三明治店，但卻沒有多少人知道它其實是麥當勞的關係企業。標榜現做三明治和墨西哥捲，也有一些熱湯，強力主打新鮮天然有機的廣告和病毒式行銷，讓他們因此成為英國人心目中三明治店的第一品牌。

此店當天的三明治若賣不完則會送給街友，也堅持不使用空運進口的食材、包裝100%可回收，在環保消費意識抬頭多年的英國，自然吸引不少死忠的消費者。

CRUSSH：這間外帶不像其他大同小異的三明治店，涼拌小菜令人驚喜。很少看到英國人在餐廳吃東西時臉上掛著微笑，但在這家店裡，竟然連獨自用餐的人臉上都有享受食物美味的笑意。

雖然這家店的三明治沒有太驚人的表現，但他們的輕食Healthpots系列卻是943在英國外食覺得難得好吃的食物。其中有一款毛豆涼拌小黃瓜看似並不引人注意，卻是令人驚喜的日式涼拌，原來是香港裔的老闆在旅行時融合自當地食物和創意的新口味。豌豆那款也不錯，加了少少麻油提味卻一點也不膩，很清爽奇妙的滋味。每日湯品有款「義大利肉丸湯」約5鎊，說是肉丸湯，飯的分量卻多得像肉丸湯飯，有5～6顆的分量，多到可以讓兩個人分著吃。

CRUSSH也是2011年英國冰沙錦標賽的冠軍店，果汁不但現打，而且堅持不加糖、不加水也不加冰，全部用新鮮水果打成，水果的比例實驗多年才調出好喝的比例，其中「Good Morning Smoothies」是最受歡迎的冰沙口味，一杯3鎊。

外帶店

炸魚薯條：炸魚薯條是英國最有名也最典型的菜，因此滿街都是賣炸魚薯條的店，每份約3～7鎊，不過好吃的真的不多，不是調味不夠鹹，就是炸得太乾。真要體驗這道英國料理，挑一間大排長龍的店吧！

中菜外帶：最划算的方式是自己煮飯，再和旅伴合叫幾道菜，若每人叫一道，約5鎊就能吃到好幾樣菜。中國菜外帶在倫敦是很受歡迎的，但也因為英國人不熟中式美食，所以品質參差不齊，好吃的並不多，最好請當地華人推薦店家。

bene bene：口碑不錯的小店，餐點可外帶，在金絲雀碼頭、貝克街等地都有好幾間分店。外帶菜色包括小龍蝦沙拉、印度咖哩雞肉飯、蛋包飯等都是3鎊多，味道不錯。

Subway：由於英國人中餐習慣吃三明治，因此Subway在英國不得不推出促銷方案應戰。6吋的潛艇堡3鎊，夾生菜、番茄、洋蔥、黃瓜又是火腿的，遠比可憐兮兮的冰三明治營養豐富又分量大得多，還附中杯飲料，重點是：三明治是熱的喔！

潛艇堡可以夾火腿或雞肉、土雞胸肉、鮪魚等，生菜也可以選，甚至可以要求店員把起司換成多一點火腿之類的。5鎊則可以吃到兩倍長度（跟店員說「footlong」即可）的潛艇堡含飲料，若精打細算，可把這兩倍的分量當成兩餐吃或兩人分享，省個1鎊也不無小補！

ACE：機車迷或愛車族可能會喜歡這個「以車會友」的咖啡兼外賣店。這間店不定期舉辦各種車款的車友聚會，例如哈雷某型號的機車或BMW的車主party，還有車迷遠從各國前來會友，有時會有免費搖滾音樂演奏。

老闆Mark曾是一位警察，禁不住對重型機車的熱愛，而將輪胎廠頂下開了這間主題咖啡店。店內食物眾多，但最好吃的是3.75鎊的漢堡餐，比10鎊左右的牛排還好吃，印度咖哩飯和蘋果派也不錯。

Pub

如果一定要嚐英式食物，最經濟實惠的選擇並不是貴貴的餐廳，而是被英國人當成小館子的pub！一般英國民眾不分年齡都愛造訪的pub，這些小酒館有時比較類似台灣的速食店或泡沫紅茶店的功能，主要是朋友聊天聚會，而不是夜店，到這裡不一定要喝酒，也可以吃到英國傳統食物。pub就是英國人打牙祭的小館子，英國民眾都是上pub吃飯聚餐，不只是喝酒聊天而已。

上pub體驗英國文化！從9個月到99歲都能去的場所！

英國pub多如牛毛，有沒有特別好吃、便宜又超值的呢？當然有，老倫敦們一致推薦Weatherspoon旗下的連鎖pub，他們走平價路線，6鎊可吃到兩道菜，早餐套餐才1.89鎊，只要在早餐時段11:30前點餐，當早午餐吃很划算。吃大餐也有買牛排送飲料的優惠，口味還不錯，重點是非常便宜，還不必付小費。有些飯店光是英式早餐就要價30鎊，用料也沒特別豪華，就是人工特別貴而已。而有些hostel賣的早餐也要15鎊，是這裡的7倍多。

● pub對英國人而言是扶老攜幼的聚餐場合，爸媽都會帶小孩到pub吃飯。

由於Weatherspoon連鎖的pub大多只掛自己的招牌，很少秀出Weatherspoon的商標，建議大家先上他們的網站www.jdwetherspoon.co.uk，找尋住處附近或造訪景點時會經過的分店，順便研究有沒有最新的折扣。一般而言，在倫敦市中心Zone1的店家賣得比較貴，若在Zone2的格林威治吃，價格會比市中心更便宜些。

亞洲餐廳

在歐洲外食，若不事先搜尋有口碑、便宜又大碗的餐廳，只會得到「又貴又難吃」既心痛又懊悔不已的經驗。不少觀光客都發生過類似慘劇，例如：花了台幣五、六百元點了薯條，卻發現薯條竟然是冷的、菜的調味不夠鹹、沙拉又難以下嚥，或是因為英國豬肉較少閹割放血，而吃不慣過鹹又有點腥味的香腸、培根、豬血腸等豬肉製品。相信我，歐洲的豬肉製品好吃到能和台灣香腸PK的，就只有德國豬腳，和西班牙或義大利的香腸與火腿了，其他國家的多半不合台人口味，別浪費錢了。

943行走各國尋找美食時有一個原則，姑且稱之為「移民原理」，意思是跟著移民吃就能吃到便宜美食。

由於社經地位多半較不如當地土生土長的居民，因此移民龐大的族群多半在當

1. 看完菜單決定要點的菜色。

2. 記住自己的桌號。

3. 到櫃台點餐並付帳，飲料自己端回桌上，餐點隨後會送過來。

地都有便宜又大碗的餐廳。例如：德國的土耳其Kebab小吃攤、新加坡的小印度等。而在倫敦，英國人不一定喜歡餐餐都吃得飽飽的（因為光是他們的主食炸魚薯條，就夠他們拼命運動減肥了），但對於在倫敦工作或唸書的亞洲移民而言，便宜又大碗的食物自然是他們在眾多競爭下的生存之道，這也是為什麼亞洲餐廳都走低價卻能吃飽的路線。

943省錢妙招

侍者問是否要來點water時，要說：「tap water, please」這樣侍者就知道要送上不收費的白開水（英國的自來水可生飲，一般居民也習慣生飲），否則侍者極可能送上需要付費的礦泉水。另外，請避免兩人共用一份主餐，會引人側目。

台灣人大半都被以客為尊的服務寵壞了，基本上除了台灣和日本以外，其他國家的服務態度都不會太好，尤其是英國的亞洲餐廳，其中又以廣東餐廳為最，這點請大家到了英國要習慣。

若想到物超所值的餐廳大快朵頤，不必害怕在貴森森的倫敦委屈自己，因為唐人街各家中餐館和SOHO區的日韓料理吃到飽最適合，午餐最划算，每人只要5～6鎊就能吃得飽飽的，晚餐則再貴個2～3鎊。但請記得自備飲水，尤其是中國城的吃到飽，因為這種吃到飽餐廳都是以近乎成本的價格提供餐點，然後在昂貴的茶水費上賺回來，所以要記得帶水壺才不會花冤枉錢！

卓卓（Chop Chop Noodle Bar）：這家是倫敦華人留學生的最愛，不必花大錢就能一解鄉愁；重點是分量很夠，不但是倫敦難得好吃的亞洲餐廳，更是倫敦最便宜的餐館之一。他們不只賣中菜，也有星、馬、泰等東南亞口味，例如沙嗲、咖哩、叻沙等。炒飯、炒麵類都不到5鎊，湯麵類都是4鎊多，倫敦老饕們一致認為南洋口味的湯麵類比飯類好吃。這間比倫敦市區內各大學校園裡的食堂還要划算，本店位置在國王十字車站及聖潘可拉斯車站正對面，經過時可順便去吃。

旺記（Wong Kei）：這間是很多逛中國城的觀光客必訪的餐廳，由於名氣不小，店面非常大，可以容納不少客人，經常到了晚上八、九點仍川流不息。店內賣的是廣東燒臘、燴飯、炒飯之類的菜。

● Mr Wu

鼂兔莊

中菜吃到飽～Mr Wu：倫敦中國城裡有很多中菜吃到飽，可說是大同小異，其中以Mr Wu的名氣最大，不過這可不是吳先生開的，而是「胡」先生才對，因為廣東話的胡是Wu，可別搞錯了。這間Mr Wu吃到飽是全唐人街最便宜的，中餐和晚餐都是每個人4.95鎊，菜色包括炸雲吞、素春捲、咖哩雞、糖醋里肌、辣雞翅、青椒牛肉、炒青菜、炒麵、炒飯等，菜色不多，大約九種可選，品質就是吃粗飽，不必期待太大。每天中午12點開門，中午吃到飽也可以飽到晚上，消夜再買個1鎊的東西，一整天下來也不會餓到。記得可要自備水壺，不然就得花大錢點飲料了。

日本料理：曾有人說台灣的日本料理是日本以外水準最高的，這句話有相當程度的可信度，因此到英國旅行，可別奢望能吃到比在台灣吃到更棒的日本料理，在倫敦吃日本料理是因為比英式料理合口味，千萬要記住啊！

● **Misato**：位在唐人街裡的日本料理店，豬排飯5.5鎊，咖哩豬肉丼6鎊，烏龍麵5鎊，蕎麥麵5鎊多。以台灣的標準，這間的水準算是ok，但在倫敦可就是奇葩了，因此生意好到總是大排長龍。這家店的好處是料多飯也多，而且是分量多到嚇人的地步，建議中午去大吃一頓，可以飽到晚上。通常12點一開門就客滿，所以最好提早去吃喔！

● **鼂兔莊(Hare and Tortoise)**：鼂兔莊這個名字，顧名思義是來自鼂兔賽跑的故事，老闆是香港人，經營理念就是薄利多銷，希望能像鼂兔賽跑那樣贏得最終勝利。這家餐廳在倫敦滿有名的，賣的餐點包括中、日、韓、南洋料理。其中一些丼飯和拉麵的分量不算太少，米飯則是採用日本品種移植到西班牙栽種的米，口感不差。一些要煎要炸的火候都掌握得不壞，調味則稍微淡了些。日本311大地震後，進口日本食材改由中國、泰國進口。

Ealing、Putney、Kensington、Blackfriars這四間分店常有促銷的免費清酒或炸雞等，可上網看公告。大致而言，此店掌廚的火候控制得不錯，6.75鎊的鮭魚照燒丼（Salmon Teriyaki）和6鎊的馬來西亞咖哩雞飯比較好吃。

● **天天亭（Ten Ten Tei）**：SOHO區Brewer street有「小日本街」之稱，街上有很多日本料理店，例如kulu kulu迴轉壽司、Ryo拉麵等，但天天亭卻是許多定居倫敦的華人心目中最好吃的道地日本料理餐廳。食物新鮮、好吃，服務也不錯。丼飯和烏龍麵是最便宜的料理，但也要大約6～10鎊，服務費10%。炸豬排還不錯，燒烤類較不推薦。

● **太郎（Taro）**：

位在SOHO區小日本街的有名日本餐廳，日本老闆、日本廚師和服務生，比對面的天天亭便宜一點，但用料比較沒有那麼精緻，生魚片等食材也不那麼優。烏龍麵、丼飯類都是6鎊左右。

上網搜尋正特價的餐廳

英國有一些專門搜尋餐廳特惠的網站，還滿好用的，可以用價格範圍和地點搜尋哪些餐廳正推出優惠，比方說半價或有買一送一的促銷。像披薩店Pizza Express和Pizza Hut都是終年都在特價的，如果想吃這類的餐廳就一定要下載折價券。£8.95 FOR 2 COURSES的意思就是9鎊內吃2道，例如前菜＋主餐或主餐+甜點之類的。

搜尋餐廳優惠的網站有：www.toptable.com、www.5pm.co.uk、www.lastminute.com。

除了搜尋餐廳的促銷，還有一種專門提供購物折價券的網站叫Money Saving Expert，網址為www.moneysavingexpert.com，在網站右上角鍵入restaurant或pub、cafe，按下search鍵就能找到好多店家的折價券了。另一家網站則是studentbeans，網址為www.studentbeans.com，是學生的最愛，但其實折價很少限定學生獨享，不是學生的人也可以用。

943建議兩點：一是折價券有些使用限制，例如限某個時段或某家分店等，一定要將折價券上英文逐字詳讀，否則容易有糾紛。搜尋到餐廳以後，先上網搜尋該餐廳的口碑，畢竟外國餐廳的水準整齊度不像台灣，先做功課，可以讓吃到美食的機會比踩到地雷餐廳的機會還大。

千萬不要懷疑，在不少餐廳花10鎊卻吃到一整塊燒焦黑肉的機率是很大的，這種食物就是有人敢賣，自己一定要看緊荷包，不要想當闊大爺卻成了冤大頭。

獨門 倫敦外食之美味&划算度總攻略

在全世界物價數一數二高昂的倫敦，吃外食當然要考慮划算度！以下這些老倫敦口中有名的外帶和美食餐廳，是倫敦餐館中屬於經濟又實惠的店家。這個表呈現的不只是943個人的經驗，也是詢問好幾位定居倫敦的華人老饕後整理出來的外食攻略：

味道不差 80～89分	讚 crussh輕食 （health pots） 3～4鎊	讚 天天亭5鎊起 M&S超市10鎊2人份外帶套餐 Bene Bene 3～5鎊 Weatherspoon旗下pub 3～8鎊 Subway 3～5鎊	讚 卓卓 4～5鎊 省
還OK 70～79分	ACE Café 3～8鎊 速食店3～8鎊 三明治店3～5鎊	旺記4～8鎊 外帶店3～8鎊 龜兔莊4～8鎊 太郎4～8鎊	Misato 4～6鎊 省
果腹 60～69分	超市冰三明治2～5鎊	Wagamama 5鎊起	唐人街 中菜吃到飽 4～5鎊 省
↑美味度	有點划算	中等划算	非常划算

→與其在超市買冰三明治吃，還不如花同樣價格買超市熟食攤的雞腿，英國雞腿超便宜，2鎊可以買到四支棒棒腿呢！

→與其吃三明治店裡冷冰冰的三明治，還不如花相同預算買現點現做、分量又多的Subway。

→與其花3鎊買外帶的潛艇堡，還不如花相同預算買外賣店如Bene Bene熱呼呼的現做熱食，蛋包飯味道不錯。

→想花小錢品嘗西餐的話，去「有錢也不一定能吃到美食」的某些英國餐廳，不如上M&S或Waitrose超市，買10鎊2人份外帶套餐回住處加熱，不但划算得多，且較能掌握食物水準。

→住處沒有廚房的旅客，只花5鎊起跳，也可以在以大分量著稱的亞洲餐廳解決一餐，例如卓卓、Misato等，都是划算度首選，或和幾位旅伴一起合叫亞洲食物外帶也很經濟實惠。

● 圖片版權屬Waitrose。

總之，英國的高物價，有很高的比例是建立在昂貴人工費的「高時薪」上，因此若是精打細算的旅客，還是自己煮比較划算。如果每餐預算5鎊，那麼想吃到普通水準食物的方式就是去亞洲餐廳，但用相同的預算自己煮的話，卻可以吃得更好，何樂而不為呢？

幾家餐廳資訊

卓卓（Chop Chop Noodle Bar）本店

【地址】1 Euston Road, City of London NW1 2SA

【電話】020 7833 1773

【鄰近車站】King's Cross & St. Pancras

卓卓（Chop Chop Noodle Bar）分店

【地址】56 Uxbridge Road, London W12 8LP

【電話】020 8746 2222

【鄰近車站】Shepherd's Bush

旺記（Wong Kei）（見map E3）

【地址】41-43 Wardour Street, Soho, London, W1D 6PY

【電話】020 7437 8408

【鄰近車站】Piccadilly Circus或Leicester Square

Mr Wu（見map E3）

【地址】28 Wardour Street London W1D 6QN

【電話】020 7287 3885

【鄰近車站】Piccadilly Circus或Leicester Square

Misato（見map E3）

【地址】11 Whitcomb Street London W1D 6PG

【電話】020 7734 0808

【鄰近車站】Piccadilly Circus或Leicester Square

龜兔莊（Hare and Tortoise）

【Ealing分店】38-39 Haven Green London W5 2NX

【Putney分店】11-13 The Brunswick, Brunswick Square, London, WC1 1AF

【網址】www.hareandtortoise.co.uk

天天亭（Ten Ten Tei）（見map D3）

【地址】56 Brewer Street, 56 Brewer Street, W1F 9TJ, London

【電話】020 7287 1738

【鄰近車站】Piccadilly Circus

太郎（Taro）（見map D3）

【地址】61 Brewer Street, Soho, W1F 9UW, London

【電話】020 7734 5826

【鄰近車站】Piccadilly Circus

1.亞洲餐廳的分店並不多，除非順便經過或有無限制搭乘的一日券，專程花車錢去吃，反而不划算。因此也可以考慮便宜又大碗的外帶店，尤其是生意興隆的店，代表口味不差。

2.若認為到英國就應該開洋葷上餐廳吃飯，建議體驗更典型的英國人用餐方式——野餐，他們經常帶自己做的三明治到公園的座位或草地上吃，尤其是陽光普照的好天氣，這才是只有歐洲或西方社會有別於其他洲的用餐方式。與其花10鎊吃不知所云的食物（餐廳裡的義大利麵淋上不甚好吃的醬汁，再加一隻可憐的小蝦子就要價10鎊是家常便飯），還不如吃自己準備的午餐，把錢省下來用在下一次旅行。

倫敦購物高貴不貴

上超市和1鎊店採買 便宜又大碗的紀念品&禮物

英國的物價雖然比台灣貴上好幾倍，但如果仔細找找，即使是全世界物價最高的倫敦，價格比台灣還便宜的東西也是不少，除了免費博物館、美術館和各種藝術表演以外，只要掌握訣竅，例如上超市和1鎊店採購，在倫敦購物也可以買得比台灣更便宜。

英國紀念品總點名：

£ 上超市採買便宜又大碗的紀念品&禮物

可以帶回國當伴手禮或自己留著吃的好東西，943建議到超市採買，可以買得比紀念品店和百貨公司更便宜，尤其是ASDA（請參閱〈用少少錢吃遍倫敦〉。因為百貨公司的價格比較高，多半是賺觀光客的錢，一生賺一次，不賺白不賺。但同樣的貨品放到超市賣，卻要面對精打細算消費者的嚴格考核，要是賣得太貴可就得滯銷了，所以最省錢的心法就是943一再強調的：「跟著當地人買。」

943最推薦的伴手禮就是英國茶。原因非常多，首先，茶的重量很輕，可以帶上不少，又不容易使行李超重而被航空公司罰錢。其次，英國茶的品質是很有名的，又具備英國的代表性，知名牌子相當多，送禮也很有面子。第三，相較於其他一分錢一分貨的東西，英國茶的價格不貴，卻能買到相當高的品質，比較起來，自然十分划算。第四，茶是老少咸宜的禮品，不像飾品必須考慮喜好和品味，重點是茶喝完後就回歸地球，不會造成垃圾氾濫的問題，是英國伴手禮的最佳選項。

● 英國很多這種1鎊店，店內大多均一價1英鎊。

茶

● 罐裝茶很划算，3罐裝7.95鎊，6罐裝12鎊。同樣的東西，在台灣有店家可是賣十倍價格呢！

六星級 ★★★★★★

Fortnum & Mason～頂級皇室御用茶

已有三百年歷史的Fortnum & Mason是英國王室御用的老字號，也是頂級茶葉的第一品牌。從十八世紀起，該家族就替皇宮採買世界各地最優質的食材，至今仍是英國茶送禮的極品選擇。

- 【店址】181 Piccadilly, Westminster, London W1 A 1ER
- 【營業時間】週一至週六10am～8pm，週日12pm～6pm
- 【網址】www.fortnumandmason.com

五星級 ★★★★★

● 943很愛這款Whittard的晚安茶粉，滋味甜美，是很多留英學生即使行李再重也要扛回台灣慢慢喝的聖品。

Whittard～英國人的最愛

Whittard茶的品質是英國人都有口皆碑，也是台灣連鎖茶店「古典玫瑰園」所採用的茶葉。除了精緻的彩繪茶壺及巧克力很有名外，最受歡迎的還是圓形罐裝的即溶調味茶粉，分店在倫敦非常多，可以等到最後一天再採買。

TWININGS～高貴不貴的好茶

唐寧茶是可以用三星價格買到的五星好茶，在東南亞頂級度假villa看得到飯店以提供木盒裝唐寧茶做為品味的象徵，在英國最便宜的超市也能用三盒共2.5鎊買到，真是平價奢華的最佳代言人。943最愛的口味是蜂蜜香草甘菊茶，茶包散發出驚人的清香，連放在房間裡都足以替代芳香劑，在超市裡也是很容易缺貨的品項，建議看到就要趕快買，否則很快就會被搶光光了。不是純甘菊茶，而是要有蜂蜜和香草的口味才會有令人魂牽夢縈的香氣。其他的口味如覆盆子的香甜也十分討喜，而傳統茶包如伯爵茶、大吉嶺茶、英國茶等也都有很不錯的口感。

● 上.TWININGS在Tesco、ASDA等超市都賣得非常便宜，可以在這些地方掃貨。● 下.943最愛的口味：蜂蜜香草甘菊茶。

英國餅乾

根據統計，台灣人最喜歡送人高貴不貴的糕餅類禮盒，自己卻最討厭收到熱量破表的糕餅。無獨有偶，英國人最愛（因為很好吃）但也最恨（因為吃了很難減肥）的東西就是糕餅、甜點外加餅乾、糖果。很多人都知道，Walkers牌的蘇格蘭傳統奶酥餅乾shortbread是很有名的英國伴手禮，但其實M&S和Waitrose超市自有品牌的奶酥餅乾，味道與Walkers十分接近，價格卻便宜許多，一盒200g才74p，足足比Walkers一盒175g4鎊　，便宜了將近五倍。若考慮帶一盒餅乾回台灣慢慢回味英國旅行的美好，M&S與Waitrose白牌奶酥餅乾是比Walkers更物超所值的選擇。

四星級 ★★★★

● 這些茶在超市都可以買到，在英國也各有愛好者。

● 超市自家品牌奶酥餅乾可比名牌Walkers便宜5倍喔！

● 麥維他的英式傳統下午茶餅乾和消化餅都很好吃。

藥妝類

喜歡藥妝的人可以逛逛Boots，英國的Boots還有超市呢！Bodyshop的一些即期品，也可以用較便宜的價格買到。

感冒藥

台灣人很愛到日本買藥，但很少人知道英國超市的感冒藥更物美價廉！可能因為在英國看病需要等候多日的緣故，英國物價雖貴，感冒藥品卻相當便宜。台灣診所普遍開的鎮咳治鼻水藥或日本感冒藥的成分，如Ibuprofen、Paracetamol，在英國各大超市卻能以近乎成本價買到。例如：ASDA成分類似普拿疼的感冒藥，一盒16顆只要20p！平均一顆只要台幣5毛錢而已，這價格比台灣便宜十幾倍，英國感冒藥的價格可說跟印度、斯里蘭卡一樣便宜。由於英國法令對於藥品的管制和檢查十分嚴格，除了數年前被中國媒體誤傳外，很少有感冒藥吃出問題的新聞，不必過度擔心。

維他命

英國超市不但賣藥，也賣維他命。相較於台灣貴死人的維他命價格，英國的藥品便宜到在1鎊店或ASDA也買得到輕劑量維他命，一瓶才1鎊。

乳液

凡士林Vaseline是東歐廠製造的乳液，也是老倫敦推薦的好物，400ml的大容量只要2鎊。而Aqueous cream也是500g只要3鎊。

超市就能買到的乳液，即使在英國乾燥的天氣也很滋潤。

服飾類

童裝好
好省錢

東方女性體型比較嬌小，因此很多移民到歐美的台灣人都知道買12～14歲的童裝可以省很多錢，因為他們青少女的身材與我們的成年女性相仿，但童裝的價格卻只要成人的五至六折。也因為西方女性較早熟，因此12～14歲的童裝也已經是像小大人了，完全不會幼稚或孩子氣，喜歡買衣服的人可以參考。

普萊馬克Primark～超平價流行服飾

普萊馬克是來自於愛爾蘭的平價服飾，在全英國已有上百家分店。Primark的發音是普「萊」馬克而非普里馬克，在英國買衣服一定要去這間店看看，這間席捲英國的平價服飾店，價格遠比UNIQLO、ZARA、H&M還便宜得多，甚至跟台北的五分埔有拚，3到5鎊根本就是家常便飯，一件1英鎊的無袖上衣和一件2鎊的夏天女褲或花裙，即使羽毛衣也只要16鎊，換算成台幣還不到1千元，這種近乎天方夜譚的價格讓觀光客們為之瘋狂！

牛津街上的普萊馬克門市被各國觀光客擠爆，就像過年前的年貨大街那樣，店內只能用

人山人海和恐怖災難來形容，不但衣服被翻得堆成小山、想要的顏色和尺寸很容易缺貨，更可怕的是排隊結帳要排最少半小時以上。建議還是到其他分店，逛起來比較舒服，店員的服務態度也比較好。

雖然普萊馬克的價格相當誘人，但衣服的品質也與定價一樣，比較接近五分埔的層次，還是要多挑選、多比較，才能買到物超所值的商品。

【網址】www.primark.co.uk。

TK Maxx～名牌折扣店

TK Maxx不是一個服飾品牌，而是一間通路，平時東西價格還好，但一打起折來，卻能讓消費者用5折以下的低價買到名牌商品。每間店批到的存貨和尺寸都不同，需要花時間一間一間挑選，一旦有喜歡的樣式，也可能只有這間店有貨。

【網址】www.tkmaxx.com。

其他如fcuk、平價服飾ZARA、H&M、Topshop、NEXT、英國著名鞋店Clarks、運動服飾Sports Direct等，也是值得逛逛撿便宜的店家。

用特價買名牌的Outlet資訊

Ashford Designer Outlet

【交通】從Kings Cross St Pancras International Station 搭高鐵 High Speed Train票價約30鎊，約半個小時可抵達

【網址】www.ashforddesigneroutlet.com

ester Village

【交通】從倫敦Marylebone站坐火車約一小時可抵達Bicester Outlet Village站，單程票價不到30鎊，當地接駁巴士來回約4鎊

【網址】www.bicestervillage.com

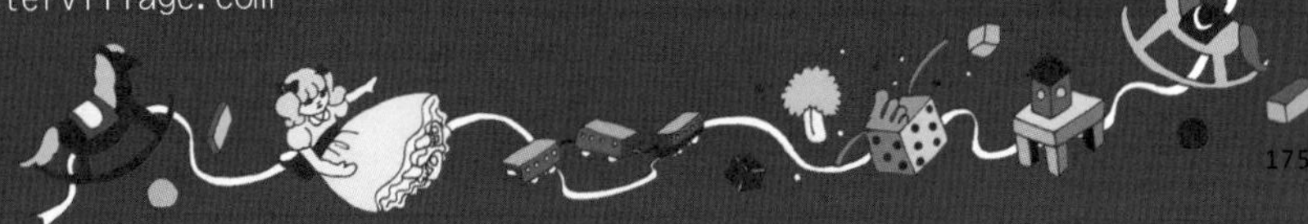

£ 其他必知的省錢重點

英國上流社會也愛的二手店

英國人對環保及綠色消費的意識相當高，除了百貨公司及購物中心以外，商店街上如雨後春筍般成立的二手慈善商店，也是英國人逛街的最愛。

英國人的觀念很值得讚許，他們認為用經濟的價格買到好看又好穿的衣服，遠比用高昂費用買到的東西還值得向親朋好友們展示。他們不會因為一件穿不下的衣服很好、很貴，就閒置在衣櫥幾十年而捨不得給別人穿，也不會對別人穿過的衣服產生懷疑或嫌惡感，或認為穿別人穿過的衣服是件可恥的事。這個觀念使得英國人從上流社會到平民百姓，都習慣逛二手店。他們不但很愛到二手商店把好看、好用的東西用半價帶回家，也習慣將自己用不到的衣服等日用品捐給慈善商店義賣，省錢又環保。

在英國各大城市的鬧區，到處都是慈善團體經營的二手店，全英國已經接近一萬家公益二手店，民眾捐贈的東西經過義工整理、清潔後上架，再以低價流通到需要的消費者家裡，店裡賣的衣服品質都不錯，絕大多數比平價衣連鎖店的質料還好。這種便宜的二手店，最有名的是Oxfam和癌症研究協會（Cancer Research），在英國街上很常見。

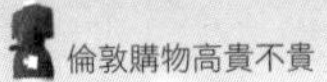

在英國逛街購物超輕鬆的心算方法

這幾年英鎊兌換台幣的價格，終於從天價的60多元台幣降回4、50元了，但是每次都得按計算機或手機實在很麻煩，943跟大家分享一個很快又簡單的英鎊換算方法，那就是把英鎊小數點往右移2位再除以2，不必心算半天。例如：標價1.32鎊就相當於台幣60多元左右，八九不離十喔！

民宿主人推薦假期血拚禮物的密技

英國購物比價網站

www.gocompare.com
www.comparethemarket.com
www.kelkoo.co.uk
www.pricerunner.co.uk
www.confused.com
www.moneysupermarket.com

英國一年中幾個最盛大的購物季，幾乎就是當地最重要的假期，例如：萬聖節、聖誕節、感恩節等，可別傻傻跟著英國人在假期來臨前買，因為所有的東西一旦過了這些大型假日，隔天就會馬上下殺到很恐怖的低價，只差幾小時就能賺到差價，還是忍到假期隔天再買吧！

英國百貨公司的週年慶大多在六～七月，以及十二月底的聖誕節檔期。尤其是聖誕節一過，隔天就會開始年度最大折扣，直到一月中。每一間百貨公司的折扣時間不同，建議先上網查詢。

超簡單！英國退稅三步驟

英國政府規定外國人在離境前3個月內購買、並具有VAT的商品可以退稅（食品和茶類沒有課VAT稅，所以不必退稅），所以要買東西，最好等回國前再買。退稅的詳細步驟如下：

1.付款時記得出示護照，並索取退稅單（Tax Refund）：在英國購物時，消費超過一定金額即可退稅，各家規定金額不同。英國商品的稅金20%，退稅後扣除手續費可領回17%，請記得向店家索取退稅單。

快速退稅小秘訣！

很多人都在希斯洛機場第三航廈轉機，經常大排長龍，光是退稅就要排隊一個多小時，甚至因為來不及登機而只得放棄。其實大可不必浪費那麼多時間，因為老倫敦們都是在亞洲觀光客比較少的第一和第二航廈退稅，再回去第三航廈搭機啦！山不轉路轉，可別傻傻地跟著人潮排隊喔！

若離開英國後，接著要去歐盟其他國家，則需到最後離開的歐盟國家退稅，最好先問清楚。

2.填寫個人資料，妥善保存：店家會給三樣東西，退稅單、收據和有店家地址及電話的信封。退稅單要填好自己的個人資料，如英文姓名、地址、護照號碼等，並簽上與護照簽名一致的簽名。將退稅單和收據一起放入信封內放好，別弄丟了。

3.出境時親自申請退稅：在機場找到退稅櫃台，出示護照及退稅信封內的退稅單及收據，親自辦理退稅，給檢查員蓋章，有時需要出示貨品，所以可別塞到行李最深處了。檢查OK之後可選擇要退現金（cash）、支票（cheque）或信用卡。如果想退到信用卡，就要將蓋了海關檢查章的退稅專用信封封好，投到退稅櫃台旁的郵筒，寄回退稅代辦公司，大約兩到三個月，信用卡帳單就會顯示收到退稅的金額。請注意，就算領到退稅現金也要寄出退稅單，不然會被罰錢喔！

老倫敦們愛用的的省錢網站

至於長期旅居英國的人，就有更多省錢購物的方法了，畢竟在物價那麼高的國家，折扣戰是一定開打的。英國有好多有名的省錢購物網站，專門提供消費者節省各式各樣的費用。以下是英國人常用的團購網站：www.groupon.co.uk、livingsocial.com、www.wowcher.co.uk、www.gumtree.com。

其他省錢網站：

【www.quidco.com】跟台灣的退錢網概念相似，Quidco（回扣網）的原理是公司把行銷預算直接回饋給消費者藉以促銷，也就是把原本要給業務員的佣金折價給客人。水電費回扣最多，例如：轉用某電力公司的第一年電費可省100鎊。

【www.saynoto0870.com】英國很多企業的電話都是0870開頭，費率很貴，因此出現這種「對0870說不」、專門查詢各公司免付費服務電話的有趣網站。

FREE METRO 26.09.2011 metro.co.uk
X Factor

Prisoners forced to give pay to victims

Making a break for the left... it's 'On-me-Ed' Balls

RIHANNA
THE LOUD TOUR 2011
LONDON THE O2 ARENA
05 / 06 / 13 OCTOBER 12 / 14 / 15 NOVEMBER
01 / 20 / 21 / 22 DECEMBER
NEW SEATS JUST RELEASED
CALVIN HARRIS

省雜支費：各種小錢都能省

到旅遊資訊中心找免費資訊、免費地圖

倫敦各旅遊諮詢中心常有免費地圖可拿，非常詳細又好用，尤其是格林威治遊客中心！

另外，聖保羅大教堂旁的旅遊服務中心可以拿免費地圖，還有免費旅遊諮詢、藝文活動資訊，不妨前往利用。

英國是個社會福利相當好的國家，很多資源都是免費提供，因此物價雖然貴，但也是不難省錢的國家，例如：免費報紙、雜誌就像台灣滿街發的面紙一樣常見。捷運報是英國人每天的精神食糧，唐人街也有很多中文報，可藉由報導認識英國當地文化及社會現況。

Wifi網路

報紙如此發達，網路就更不用說了！英國的wifi相當普及好用，連一般巴士都標榜車上有wifi以增加客源。倫敦市長強森就曾誓言，要讓倫敦大小角落都能在奧運開幕前開放無線上網，因此，打算在倫敦每一根公車站牌及路燈電線桿放訊號發送器，提供無線上網服務，價格方案在奧運前公佈，且讓我們拭目以待吧！

在英國如何省錢上網？

英國幾乎到處都有wifi，準備一支智慧型手機相當好用，不必帶筆電出國也能寫東西。若沒有手機又沒有筆電，也可以到公共圖書館上網，臨時辦借書證就能上網30分鐘至1小時，各區圖書館的規定不同。

但要注意的是，由於沙發衝浪太紅了，因此有些圖書館已經把沙發衝浪和臉書的網站都封鎖，禁止讀者佔用電腦來瀏覽這些網站。若有急事要上網看沙發衝浪上的回音，最好設定自動轉寄到電子郵件信箱，才不會在緊急時找不到沙發主人，又因為圖書館封鎖而看不到回信。

牛津街與柯芬園的蘋果電腦旗艦店，有上百台蘋果電腦可以試用iPad、iPhone，當然也能免費上網。

943陪你出走倫敦一日遊～牛津、劍橋

牛津和劍橋都是英國培育頂尖人才的菁英薈萃之地，牛頓、達爾文等人，都曾分別在牛津大學與劍橋大學求學。有人形容牛津是「大學中有城市」，而劍橋則為「城市中有大學」。牛津的各學院比較分散，劍橋則各學院景點較集中。

牛津大學

十三世紀就成立的牛津大學是世界上最早的大學之一，它悠久的歷史曾孕育了英國前首相柴契爾夫人、緬甸民主運動領袖翁山蘇姬等名人及四十多位諾貝爾獎得主。不少遊客自世界各地慕名來此造訪，各學院的美麗建築、古老的教堂鐘塔都是遊覽重點。

如何去牛津？

- **火車**：倫敦至牛津有離峰的advance便宜火車票，當天來回off-peak day return的票有時可便宜到單程8鎊，車程1小時。
- **巴士**：Megabus的巴士票是最便宜的，最低1鎊起跳，車程近兩小時。National Express也有倫敦到牛津的路線，可碰碰運氣看有無折扣票，若太晚訂Megabus車票，National Express有可能比Megabus還便宜，最好比價一下。詳細交通省錢方法請參閱本書交通篇。

牛津建議行程

包德廉圖書館Bodleian Library　0元
↓

嘆息橋Hertford Bridge　0元
↓

莫頓學院Merton College周邊　0元
↓

基督教會學院Christ Church College
參觀庭院免費　0元
↓

拍卡爾費克斯塔Carfax Tower外觀
逛High Street　0元

- 自備餐點飲水　0元

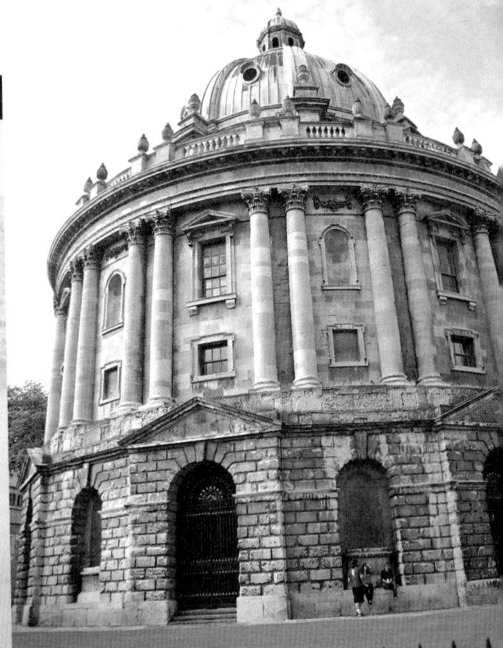

943省錢妙招

1. 參觀牛津大學各學院大多需購門票，若由牛津學生帶領則可免費進入。請保持安靜並別對著他人拍照，不要打擾校內師生，以免失禮。
2. 挑免費開放的學院進去參觀。學院設計大多彼此類似，免費開放的學院也都有類似「哈利波特」電影中大餐廳的食堂。
3. 牛津大學免費開放參觀的學院：All Souls College、Corpus Christi College、Exeter College、Somerville College、New College（冬季免費參觀，其他季節門票2鎊）。
4. 牛津巴士總站沒有免費地圖可拿，但在卡爾費克斯塔可取得雙層觀光紅巴士廣告單，摺頁裡有牛津地圖。
5. 牛津免費上網可至Queen St.上的牛津公共圖書館登記借用電腦。

牛津省錢吃

牛津長途巴士總站Gloucester Green的後方廣場上有很便宜的Kebab，經常大排長龍。想找餐廳或pub可走到南邊Cowley Road路。從St. Aldates路往南有很多較便宜的食物，很多劍橋學生租屋於此，生活機能好又便宜。最省錢的方式是在超市買東西吃，在市中心熱鬧的Magdalen街上有Tesco和Sainsbury’s超市。

劍橋大學

成立於1226年的劍橋大學是全世界最古老的大學之一，數百年來培養出無數優秀的學生，包括名詩人拜倫、知名生物學家珍古德、87位諾貝爾獎得主等。劍橋大學城濃厚的學術氣息，每年吸引了成千上萬的人潮到此遊覽，雄偉的建築、優美的風景、知性的氣氛與康河撐篙，是一大觀光重點。劍橋不大，各個重要景點都近在咫尺，最佳遊覽方式是散步。

如何去劍橋？

- **火車**：出發前多留意英國火車網站，有時可訂到倫敦劍橋離峰的便宜火車票，當天來回off-peak day return只要21鎊，週末出發的火車則是單程票14.7鎊。倫敦到劍橋約1小時，在劍橋火車站下車後，步行20分鐘可抵劍橋市中心。
- **巴士**：National Express巴士從倫敦到劍橋的單程巴士票只要5鎊，加訂票手續費0.5鎊，車程約2小時，在倫敦維多利亞長途車站發車，終點站在劍橋的Parker's Piece公園，也就是稱為「公園旁」Park Side的巴士站上下車。

劍橋建議行程

國王學院～
請劍橋學生帶領參觀免費或只拍外觀　0元

↓

參觀免費開放的學院　0元

↓

後花園The Backs欣賞撐篙punting　0元

↓

數學橋　0元

- 自備餐點飲水　0元

943省錢妙招

1. 劍橋大部分的學院都要收取參觀門票，若有認識的學生在劍橋唸書，可在學生帶領下免費參觀，但小心別打擾到校內師生的作息。
2. 從後花園可以拍到皇后學院、國王學院、克萊爾學院及聖約翰學院的後院，不必買票進入各學院，也能合法拍到開放部分的景觀。
3. 拍到數學橋並不需要買門票進入皇后學院，從後花園The Backs的一座對外開放的橋，即可拍到距離相當近的數學橋。
4. 挑免費開放的學院參觀：Emmanuel College、Gonville and Caius College、Magdalene College。
5. 劍橋旅遊諮詢中心裡的地圖竟要價30p且資訊並不完整。建議到購物中心Grand Arcade二樓的中央圖書館Central Library陳列架上拿劍橋旅遊簡介，摺頁裡就有相當好用的免費地圖，還標示免費洗手間位置。
6. 上述圖書館也可免費上網，可現場辦理閱覽證、每天免費網路1小時。

獨門

劍橋省錢吃

若在劍橋旅居或留遊學，Mill Road是一定要知道的，這裡有一堆便宜小餐館和華人小超商。劍橋市中心有Tesco和Sainsbury’s超市，更便宜的超市則大多分佈在靠近郊區的邊緣地帶，例如東邊鐵道旁的ASDA、北邊Histon Road上的Iceland和Aldi超市。最便宜的餐廳是中菜吃到飽，有位在Cambridge Leisure Park的幸運樓Lucky Star和Regent Street上的天天美食Seven Days。

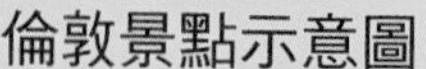

①攝政公園
②華萊士典藏館
③貝克街站
④大英博物館
⑤維多利亞車站
⑥綠園
⑦白金漢宮
⑧首相官邸
⑨西敏寺
⑩國會大廈及大鵬鐘
⑪南岸徒步區
⑫倫敦眼
⑬千禧橋
⑭泰特現代美術館
⑮肯頓市集
⑯工藝協會
⑰王十字車站 9 3/4 月台
⑱卓卓餐廳
⑲索恩爵士博物館
⑳大英圖書館
㉑國家藝廊

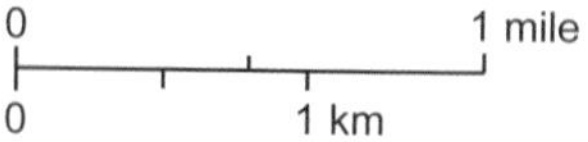

0 1 mile
0 1 km

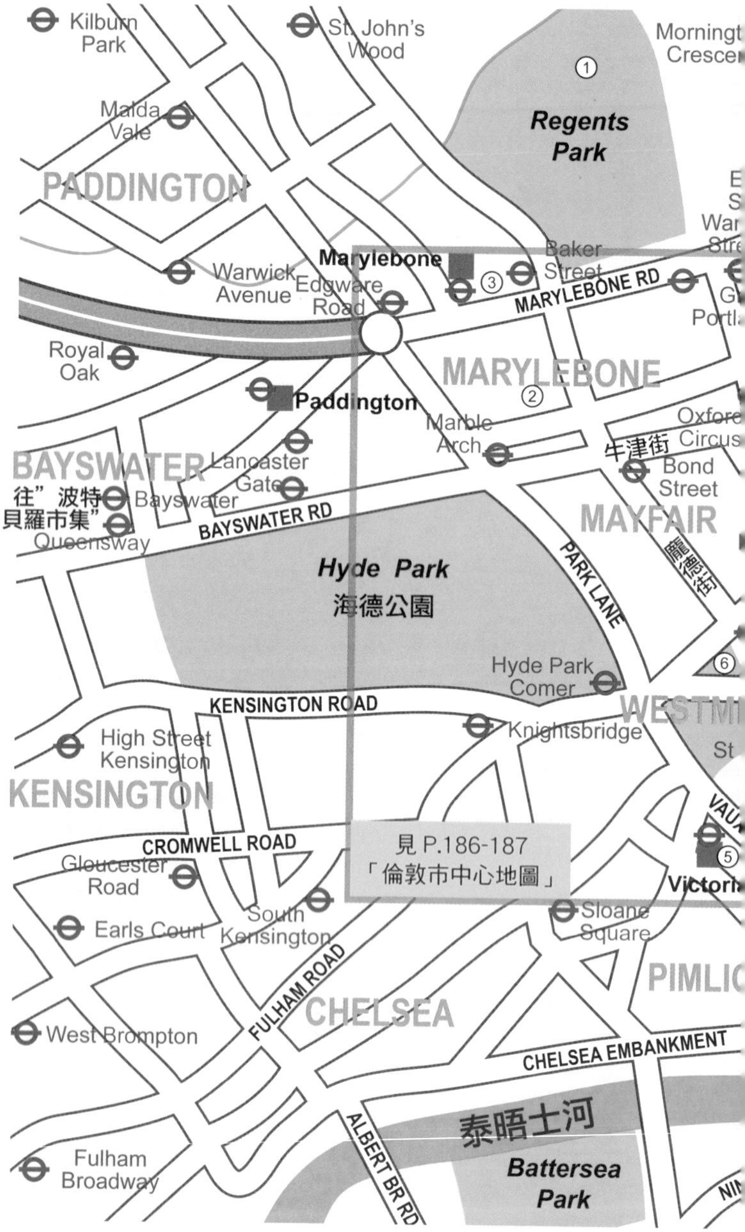

Kilburn Park
St. John's Wood
Mornington Crescent
Regents Park
Maida Vale
PADDINGTON
Marylebone
Baker Street
Warwick Avenue
Edgware Road
MARYLEBONE RD
Royal Oak
MARYLEBONE
Paddington
Marble Arch
Oxford Circus
牛津街
Bond Street
BAYSWATER
Lancaster Gate
往"波特貝羅市集"
Bayswater
Queensway
BAYSWATER RD
MAYFAIR
PARK LANE
龐德街
Hyde Park
海德公園
Hyde Park Corner
KENSINGTON ROAD
Knightsbridge
High Street Kensington
KENSINGTON
CROMWELL ROAD
見 P.186-187
「倫敦市中心地圖」
Gloucester Road
South Kensington
Sloane Square
Victoria
Earls Court
FULHAM ROAD
CHELSEA
PIMLICO
West Brompton
CHELSEA EMBANKMENT
泰晤士河
ALBERT BR RD
Fulham Broadway
Battersea Park

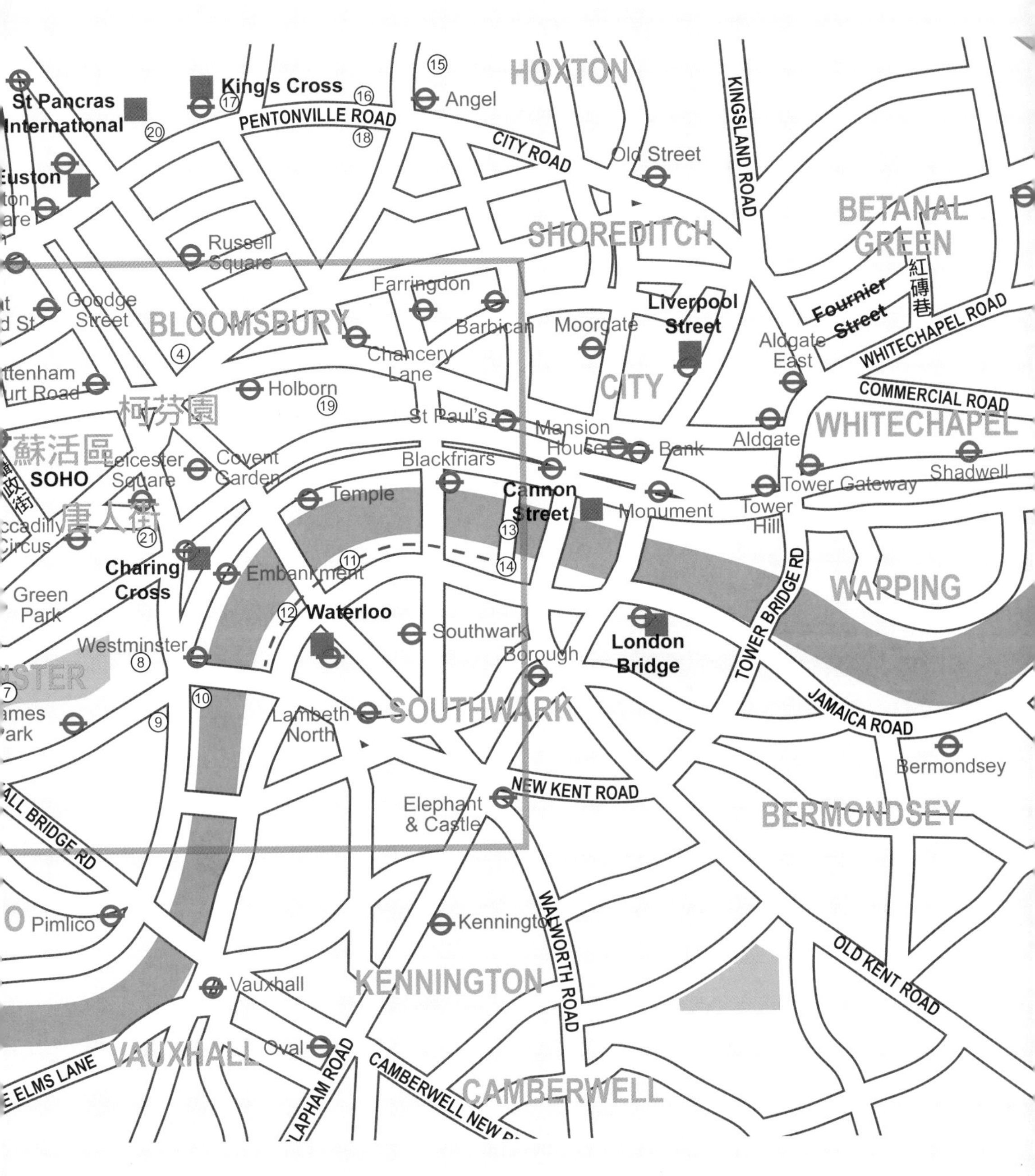

St Pancras International
King's Cross
Euston
PENTONVILLE ROAD
Angel
HOXTON
CITY ROAD
Old Street
KINGSLAND ROAD
SHOREDITCH
BETANAL GREEN
Russell Square
Goodge Street
BLOOMSBURY
Farringdon
Barbican
Chancery Lane
Moorgate
Liverpool Street
Fournier Street
紅磚巷
Aldgate East
WHITECHAPEL ROAD
COMMERCIAL ROAD
WHITECHAPEL
Tottenham Court Road
Holborn
柯芬園
CITY
St Paul's
Mansion House
Bank
Aldgate
蘇活區
SOHO
Leicester Square
Covent Garden
Blackfriars
Temple
Cannon Street
Monument
Tower Gateway
Shadwell
Tower Hill
唐人街
Piccadilly Circus
Charing Cross
Embankment
Green Park
Waterloo
WAPPING
TOWER BRIDGE RD
Westminster
Southwark
Borough
London Bridge
JAMAICA ROAD
Lambeth North
SOUTHWARK
Bermondsey
NEW KENT ROAD
Elephant & Castle
BERMONDSEY
Pimlico
Kennington
WALWORTH ROAD
OLD KENT ROAD
Vauxhall
KENNINGTON
VAUXHALL
Oval
CLAPHAM ROAD
CAMBERWELL NEW RD
CAMBERWELL

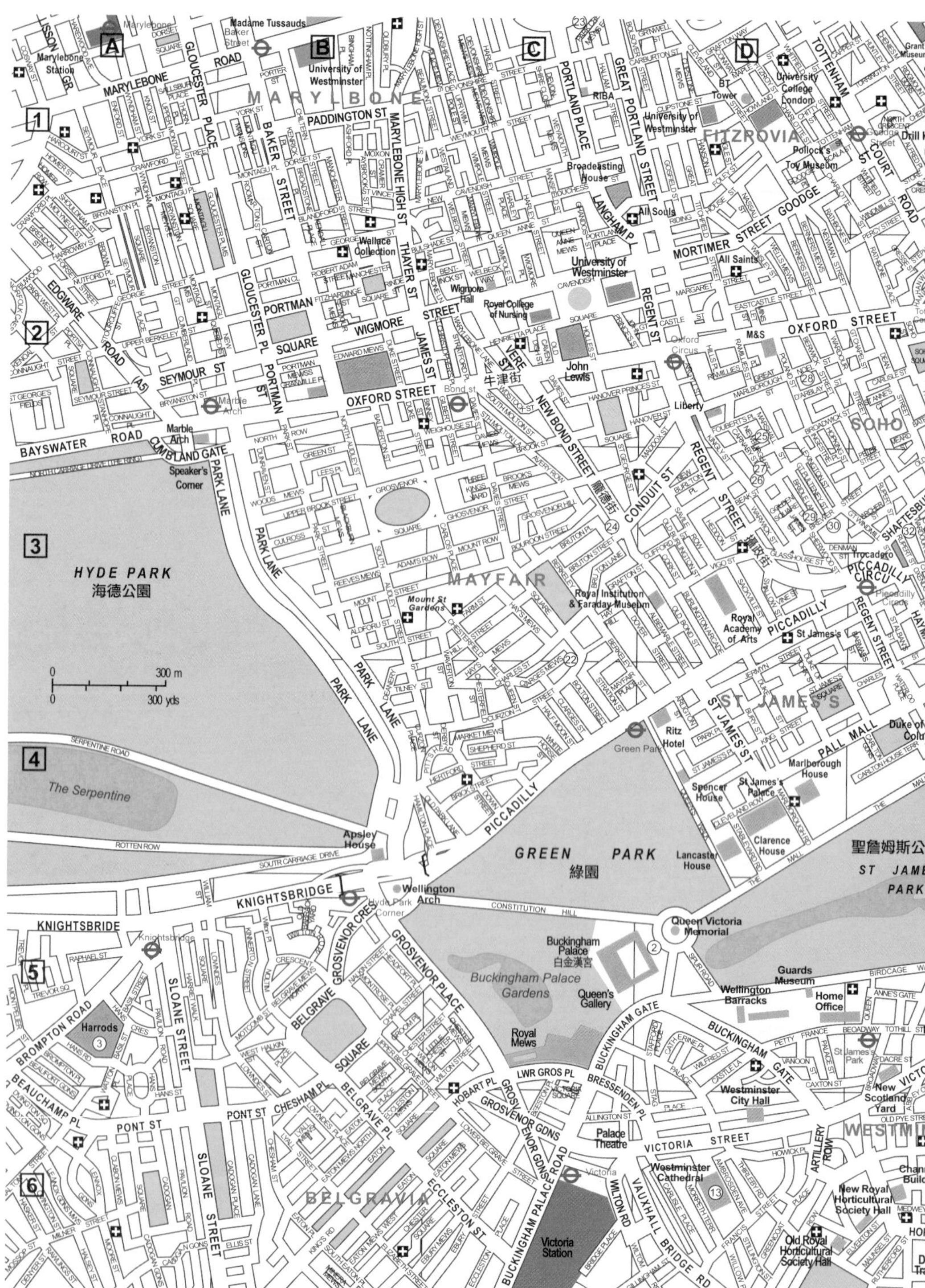

A
B
C
D
1
2
3
4
5
6
Madame Tussauds
Baker Street
Marylebone
Marylebone Station
University of Westminster
MARYLEBONE
MARYLEBONE ROAD
GLOUCESTER PLACE
BAKER STREET
PADDINGTON ST
MARYLEBONE HIGH ST
PORTLAND PLACE
GREAT PORTLAND STREET
RIBA
BT Tower
University College London
University of Westminster
FITZROVIA
TOTTENHAM COURT ROAD
Goodge Street
Pollock's Toy Museum
Broadcasting House
All Souls
LANGHAM PL
GOODGE STREET
MORTIMER STREET
All Saints
Wallace Collection
THAYER ST
University of Westminster
Wigmore Hall
Royal College of Nursing
CAVENDISH SQUARE
REGENT ST
EDGWARE ROAD
PORTMAN SQUARE
WIGMORE STREET
JAMES ST
Oxford Circus
OXFORD STREET
M&S
VERE ST
牛津街
John Lewis
SEYMOUR ST
PORTMAN ST
OXFORD STREET
Bond St
Marble Arch
Liberty
SOHO
BAYSWATER ROAD
CUMBERLAND GATE
Speaker's Corner
PARK LANE
NEW BOND STREET
龐德街
CONDUIT ST
REGENT STREET
攝政街
GROSVENOR SQUARE
SHAFTESBURY
Trocadero
Piccadilly Circus
HYDE PARK
海德公園
MAYFAIR
Royal Institution & Faraday Museum
Royal Academy of Arts
PICCADILLY
St James's
Mount St Gardens
0
300 m
0
300 yds
PARK LANE
ST JAMES'S
ST JAMES'S ST
Green Park
Ritz Hotel
PALL MALL
Duke of York Column
Marlborough House
Spencer House
St James's Palace
Clarence House
Lancaster House
SERPENTINE ROAD
The Serpentine
PICCADILLY
GREEN PARK
綠園
聖詹姆斯公園
ST JAMES'S PARK
ROTTEN ROW
Apsley House
SOUTH CARRIAGE DRIVE
Wellington Arch
Hyde Park Corner
KNIGHTSBRIDGE
CONSTITUTION HILL
Queen Victoria Memorial
Buckingham Palace
白金漢宮
Buckingham Palace Gardens
Queen's Gallery
Guards Museum
Wellington Barracks
Home Office
Knightsbridge
GROSVENOR CRES
GROSVENOR PLACE
SLOANE STREET
BELGRAVE SQUARE
BROMPTON ROAD
Harrods
Royal Mews
BUCKINGHAM GATE
St James's Park
New Scotland Yard
Westminster City Hall
BEAUCHAMP PL
PONT ST
CHESHAM PL
BELGRAVE PL
HOBART PL
LWR GROS PL
BRESSENDEN PL
GROSVENOR GDNS
Palace Theatre
VICTORIA STREET
WESTMINSTER
Victoria
Westminster Cathedral
ARTILLERY ROW
BELGRAVIA
ECCLESTON ST
BUCKINGHAM PALACE ROAD
Victoria Station
WILTON RD
VAUXHALL BRIDGE RD
New Royal Horticultural Society Hall
Old Royal Horticultural Society Hall
SLOANE STREET

倫敦市中心地圖
超詳細！
①大英博物館 逛 E1
②白金漢宮衛兵交接 逛 D5
③哈洛德百貨 逛 A5
④國家藝廊 逛 E3
⑤國家肖像美術館 逛 E3
⑥莎士比亞環形劇場 逛 I4
⑦索恩爵士博物館 逛 G2
⑧桑摩塞館 逛 G3
⑨南岸中心 逛 G4
⑩聖保羅大教堂 逛 I2
⑪泰特現代美術館 逛 I4
⑫西敏寺 逛 E5
⑬西敏大教堂 逛 D6
⑭聖保羅 YH 住 I3
⑮查令十字站 行 F3
⑯英國最小派出所 逛 E4
⑰LSE Bankside 宿舍 住 I4
⑱Tune Hotels 住 G5
⑲倫敦眼 逛 G4
⑳國會大廈與大鵬鐘 逛 F5
㉑聖瑪格麗特教堂 逛 E5
㉒CRUSSH 輕食吧 食 C4
㉓International Student House 住 C1
㉔倫敦美術協會 逛 C3
㉕The Great Frog 逛 D2
㉖playlounge 逛 D3
㉗卡納比街 逛 D3
㉘牛津街 YH 住 D2
㉙天天亭日本料理 食 D3
㉚太郎日本料理 食 D3
㉛Mr. Wu 吃到飽 食 E3
㉜旺記餐廳 食 E3
㉝MMS 巧克力城 逛 E3
㉞Misato 日本料理 食 E3
㉟Atlantis Bookshop 女巫書店 逛 F2
F
G
H
I
BLOOMSBURY
HOLBORN
COVENT GARDEN
LAMBETH
BANKSIDE
CLERKENWELL
泰晤士河 River Thames
British Museum
Gray's Inn Gardens
Lincoln's Inn Fields
Royal Courts of Justice
Smithfield Market
St Paul's Cathedral
Tate Modern
Shakespeare's Globe
National Gallery
National Portrait Gallery
London Eye
Houses of Parliament
Westminster Abbey
Big Ben
Waterloo Station
Somerset House
Royal Festival Hall
Imperial War Museum
Lambeth Palace
VICTORIA EMBANKMENT
STRAND
FLEET STREET
HOLBORN
KINGSWAY
WATERLOO BRIDGE
BLACKFRIARS BRIDGE
WESTMINSTER BRIDGE
LAMBETH BRIDGE
WHITEHALL
NEW OXFORD STREET
CHARTERHOUSE STREET
SOUTHWARK STREET
STAMFORD STREET
YORK ROAD
LAMBETH ROAD

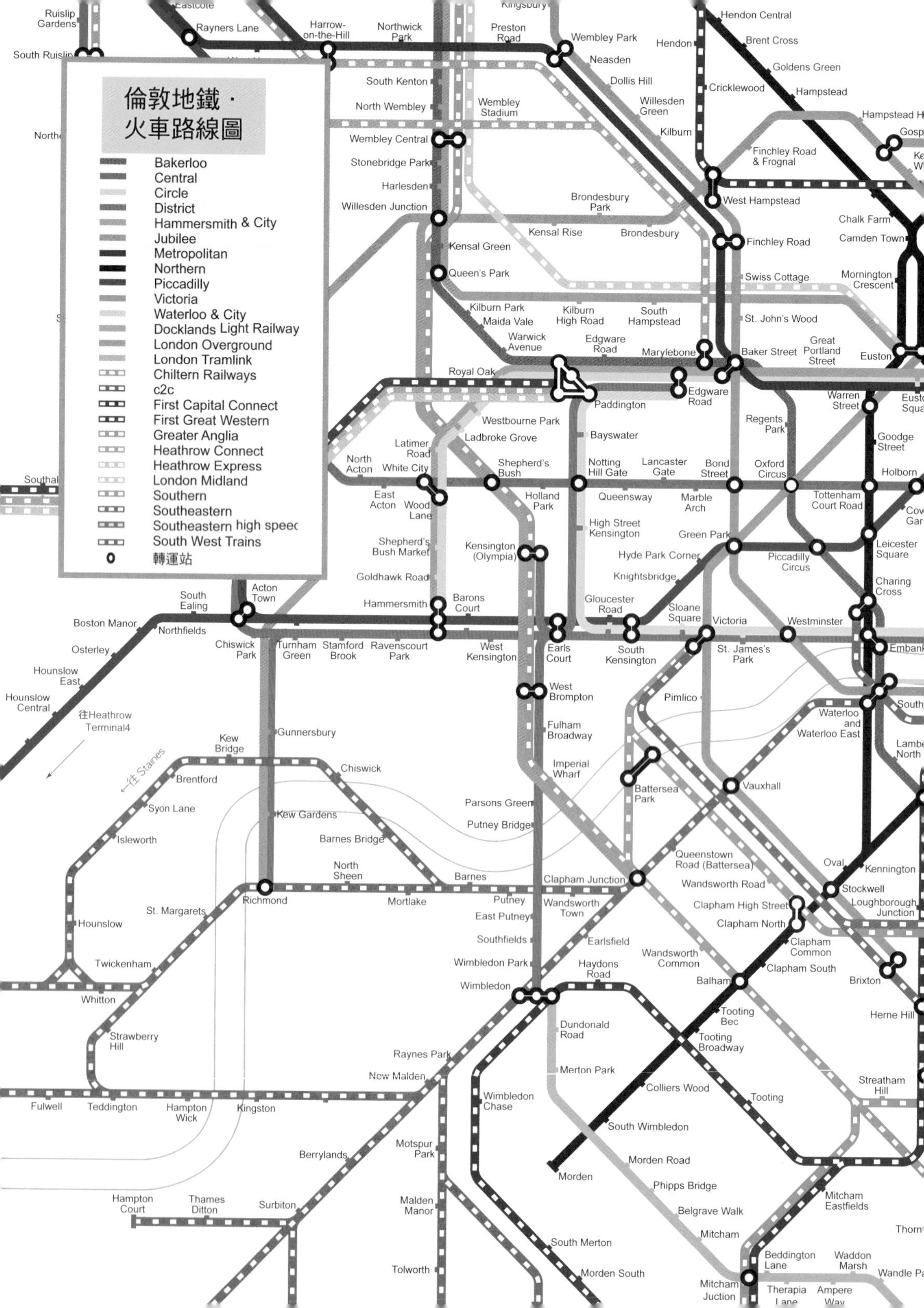

倫敦地鐵・
火車路線圖
Bakerloo
Central
Circle
District
Hammersmith & City
Jubilee
Metropolitan
Northern
Piccadilly
Victoria
Waterloo & City
Docklands Light Railway
London Overground
London Tramlink
Chiltern Railways
c2c
First Capital Connect
First Great Western
Greater Anglia
Heathrow Connect
Heathrow Express
London Midland
Southern
Southeastern
Southeastern high speed
South West Trains
轉運站
Ruislip Gardens
South Ruislip
Rayners Lane
Harrow-on-the-Hill
Northwick Park
Preston Road
Wembley Park
Hendon Central
Brent Cross
Hendon
Neasden
Goldens Green
South Kenton
Dollis Hill
Cricklewood
Hampstead
North Wembley
Wembley Stadium
Willesden Green
Hampstead Heath
Kilburn
Wembley Central
Finchley Road & Frognal
Stonebridge Park
Harlesden
West Hampstead
Willesden Junction
Brondesbury Park
Chalk Farm
Kensal Rise
Brondesbury
Finchley Road
Camden Town
Kensal Green
Queen's Park
Swiss Cottage
Mornington Crescent
Kilburn Park
Kilburn High Road
South Hampstead
St. John's Wood
Maida Vale
Warwick Avenue
Edgware Road
Marylebone
Baker Street
Great Portland Street
Euston
Royal Oak
Edgware Road
Paddington
Warren Street
Westbourne Park
Regents Park
Ladbroke Grove
Bayswater
Goodge Street
Latimer Road
North Acton
White City
Shepherd's Bush
Notting Hill Gate
Lancaster Gate
Bond Street
Oxford Circus
Holborn
Southall
East Acton
Wood Lane
Holland Park
Queensway
Marble Arch
Tottenham Court Road
High Street Kensington
Green Park
Shepherd's Bush Market
Kensington (Olympia)
Hyde Park Corner
Piccadilly Circus
Leicester Square
Goldhawk Road
Knightsbridge
Charing Cross
South Ealing
Acton Town
Hammersmith
Barons Court
Gloucester Road
Sloane Square
Boston Manor
Victoria
Westminster
Northfields
Embankment
Chiswick Park
Turnham Green
Stamford Brook
Ravenscourt Park
West Kensington
Earls Court
South Kensington
St. James's Park
Osterley
Hounslow East
Hounslow Central
West Brompton
Pimlico
Waterloo and Waterloo East
往Heathrow Terminal4
Gunnersbury
Fulham Broadway
Lambeth North
Kew Bridge
往Staines
Chiswick
Imperial Wharf
Brentford
Battersea Park
Vauxhall
Syon Lane
Parsons Green
Kew Gardens
Putney Bridge
Isleworth
Barnes Bridge
Queenstown Road (Battersea)
Oval
Kennington
North Sheen
Barnes
Clapham Junction
Wandsworth Road
Stockwell
Richmond
Mortlake
Putney
Wandsworth Town
Clapham High Street
Loughborough Junction
St. Margarets
East Putney
Hounslow
Clapham North
Southfields
Earlsfield
Clapham Common
Wandsworth Common
Twickenham
Wimbledon Park
Haydons Road
Clapham South
Brixton
Balham
Wimbledon
Whitton
Tooting Bec
Herne Hill
Dundonald Road
Strawberry Hill
Tooting Broadway
Raynes Park
Merton Park
New Malden
Colliers Wood
Streatham Hill
Wimbledon Chase
Tooting
Fulwell
Teddington
Hampton Wick
Kingston
South Wimbledon
Motspur Park
Berrylands
Morden Road
Morden
Phipps Bridge
Mitcham Eastfields
Hampton Court
Thames Ditton
Surbiton
Malden Manor
Belgrave Walk
Mitcham
South Merton
Beddington Lane
Waddon Marsh
Tolworth
Morden South
Mitcham Junction
Therapia Lane
Ampere Way

Highgate
Archway
Hornsey
Turnpike Lane
Bruce Grove
往Stansted Airport
South Woodford
Barkingside
Harringay
Seven Sisters
Tottenham Hale
Blackhorse Road
Walthamstow Central
Newbury Park
Harringay Green Lanes
Crouch Hill
Manor House
Stamford Hill
South Tottenham
Snaresbrook
Redbridge
Walthamstow Queen's Road
Wanstead
Gants Hill
St. James Street
Stoke Newington
Upper Holloway
Leyton Midland Road
Leytonstone
往Epping
Finsbury Park
Rectory Road
Arsenal
Clapton
Stratford International
Leyton
Leytonstone High Road
Holloway Road
Hackney Downs
Seven Kings
Caledonian Road
Drayton Park
Dalston Kingsland
Hackney Central
Hackney Wick
Wanstead Park
Ilford
Canonbury
Homerton
Stratford
Manor Park
Caledonian Road & Barnsbury
Highbury & Islington
Dalston Junction
London Fields
Maryland
Forest Gate
Woodgrange Park
King's Cross
Cambridge Heath
Haggerston
Bethnal Green
Stratford High Street
Angel
Essex Road
Pudding Mill Lane
Abbey Road
Farringdon
Hoxton
Old Street
Bethnal Green
Mile End
Bromley by-Bow
Upton Park
Barbican
Bow Road
Plaistow
East Ham
Barking
Russell Square
Liverpool Street
Shoreditch High Street
Bow Church
Moorgate
Stepney Green
West Ham
Devons Road
Aldgate East
Whitechapel
St. Paul's
Star Lane
City Thameslink
Langdon Park
Aldgate
All Saints
Bank
Canning Town
Royal Victoria
Custom House for ExCeL
Mansion House
Shadwell
Westferry
Blackwall
Prince Regent
Blackfriars
Cannon Street
Monument
Tower Hill
Tower Gateway
Limehouse
Poplar
East India
Royal Albert
Beckton Park
Fenchurch Street
West Silvertown
Cyprus
Wapping
West India Quay
Pontoon Dock
Rotherhithe
North Greenwich for The O_2
Bermondsey
Canary Wharf
London City Airport
Canada Water
Heron Quays
South Quay
King George V
London Bridge
Crossharbour
Mudchute
Surrey Quays
Island Gardens
Borough
Cutty Sark for Maritime Greenwich
Westcombe Park
Woolwich Dockyard
Plumstead
Deptford
Greenwich
Maze Hill
Charlton
Woolwich Arsenal
Abbey Wood
South Bermondsey
New Cross
Deptford Bridge
Queen's Road Peckham
Elverson Road
St. Johns
Denmark Hill
Nunhead
New Cross Gate
Blackheath
Kidbrooke
Falconwood
Brockley
Lewisham
Eltham
Welling
Peckham Rye
Honor Oak Park
East Dulwich
Forest Hill
Hither Green
Crofton Park
Ladywell
Aabany park
North Dulwich
Sydenham
Lee
New Eltham
West Dulwich
Sydenham Hill
Catford
Catford Bridge
Mottingham
Sidcup
Bellingham
Grove Park
Beckenham Hill
Lower Sydenham
Elmstead Woods
Sundridge Park
Gipsy Hill
Penge East
New Beckenham
Bromley North
Chislehurst
Kent House
Ravensbourne
Bickley
St. Mary Cr.
West Norwood
Crystal Palace
往Gatwick Airport
Penge West
Shortlands
Bromley South
Streatham
Anerley
Birkbeck
Avenue Road
Beckenham Road
Beckenham Junction
Petts Wood
Streatham Common
Orpington
Norbury
Harrington Road
Norwood Junction
Clock House
Chelsfield
Elmers End
Selhurst
Arena
Knockholt
Eden Park
Woodside

世界最佳
低成本航空公司
環遊世界
盡在彈指之間

最低票價只在

世界最佳
低成本航空公司
2009 • 2010 • 2011

請關注我們

AirAsia台灣粉絲團
fb.me/AirAsiaTaiwan

客服專線(市話
008 018

首爾
東京
大阪
北京
杭州
成都
台北
以及更多精彩航點!
普吉島
沙巴(亞庇)
吉隆坡
黃金海岸
柏斯
雪梨
峇里島
墨爾本
ia.com
AirAsia.com
10 AWESOME YEARS!
下載 AirAsia App
airasia.com/mobile

國家圖書館出版品預行編目資料

3萬5輕鬆遊倫敦 / 943著.--初版.--臺北市：平裝本.
2012〔民101〕.5
面；公分（平裝本叢書；第370種）（iDO；64）

ISBN 978-957-803-825-7（平裝）

1.自助旅行 2.英國倫敦

741.719　　101007859

平裝本叢書第370種

iDO 64

3萬5輕鬆遊倫敦

作　　者—943
發 行 人—平雲
出版發行—平裝本出版有限公司
台北市敦化北路120巷50號
電話◎02-27168888
郵撥帳號◎18999606號
皇冠出版社(香港)有限公司
香港上環文咸東街50號寶恒商業中心
23樓2301-3室
電話◎2529-1778　傳真◎2527-0904
責任主編—龔槵甄
美術設計—程郁婷
著作完成日期—2012年2月
初版一刷日期—2012年5月
初版四刷日期—2014年11月
法律顧問—王惠光律師

讀者服務傳真專線◎02-27150507
電腦編號◎415064
ISBN◎978-957-803-825-7
Printed in Taiwan
本書定價◎新台幣320元/港幣107元